生态农业视域下新型职业农民培育研究

张 燕 著

中国纺织出版社

内 容 提 要

现代生态农业发展需要高素质的新型职业农民。当然，农民的职业道德和生态意识并不会自然而然产生，需要教育和培养。因此，大力推进新型职业农民培育,必须完善新型职业农民教育培训机制，健全新型职业农民培育的外部社会环境制度。本书主要围绕新型职业农民的概念、培育理论依据、培育的意义、培育的现状与存在的问题，发达国家新型职业农民培育对我国的启示，新型职业农民培育的体系设计、运行机制等内容展开具体论述。本书可供农业方向的师生以及相关研究人员参考。

图书在版编目（CIP）数据

生态农业视域下新型职业农民培育研究 / 张燕著
. -- 北京 : 中国纺织出版社有限公司 , 2019.12
ISBN 978-7-5180-5493-0

Ⅰ . ①生… Ⅱ . ①张… Ⅲ . ①农民教育—职业教育—研究—中国 Ⅳ . ① G725

中国版本图书馆 CIP 数据核字（2018）第 237445 号

责任编辑：姚 君　　责任校对：寇晨晨　　责任印制：储志伟

中国纺织出版社有限公司出版发行
地址：北京市朝阳区百子湾东里 A407 号楼　邮政编码：100124
销售电话：010–67004422　传真：010–87155801
http：//www.c–textilep.com
中国纺织出版社天猫旗舰店
官方微博 http：//www.weibo.com/2119887771
三河市宏盛印务有限公司印刷　各地新华书店经销
2019 年 12 月第 1 版　2019 年 12 月第 1 版第 1 次印刷
开本：710 × 1000　1/16　印张：11.5
字数：257 千字　定价：52.00 元

前 言

当前我国农业已进入一个新的发展阶段，人民生活水平总体达到小康水平，消费者对农产品的需求日益转向多样化、优质化、营养化、安全化，但农产品质量安全及农业生态环境恶化越来越成为人们普遍关注的焦点。因此，发展现代生态农业，使农业经济增长与生态环境改善有机结合，达到经济效益、社会效益和生态效益的协调统一，显得愈发重要。现代生态农业发展需要高素质的新型职业农民，即新型职业农民不仅要具有较高文化水平和技术技能，还要具有职业道德、生态意识和社会责任。当然，农民的职业道德和生态意识并不会自然而然产生，它需要教育和培养。因此，大力推进新型职业农民培育，必须完善新型职业农民教育培训机制，健全新型职业农民培育的外部社会环境制度。

为了进一步提高我国新型职业农民的素质，推动我国现代生态农业的发展，作者撰写了本书。本书共分七章，第一章是概论，对本书论述内容的研究背景、意义等进行大致介绍；第二章主要围绕新型职业农民概念及培育理论依据进行探讨；第三章对现代生态农业视域下新型职业农民培育的现状及存在的问题进行具体分析；第四章主要围绕发达国家新型职业农民培育对我国的启示进行具体阐述；第五章针对现代生态农业视域下新型职业农民培育的内容进行具体探讨；第六章重点讨论现代生态农业视域下新型职业农民培育的体系设计，内容包括新型职业农民培育体系构建，新型职业农民培育教育机构及培育方式，新型职业农民培育政策体系设计等；第七章作为本书的最后一章，侧重阐述现代生态农业视域下新型职业农民培育的运行机制与路径。

从大体上来讲，本书内容翔实，逻辑清晰，与时俱进，理论性较强，力图深入浅出地对生态农业视域下新型职业农民培育进行论述，并结合一些最新的案例，激发读者的阅读兴趣，开阔读者的学习思维。

本书在撰写过程中参考了大量的文献资料与学术著作，在此向这些作者表示衷心感谢。但由于时间仓促加之作者精力有限，书中难免存在疏漏与不足之处，恳请广大读者批评指正。

作者
2019年8月

目 录

第一章 概论

我国是一个发展中的农业大国，改革开放以来，我国农村经济发展取得了巨大成就，农村的面貌发生了很大的变化，消费者对农产品的需求日益转向多样化、优质化、营养化、安全化。与此同时，经济发展、人口增长与生态环境恶化的矛盾日益尖锐。特别是我国加入WTO后，农产品面临着国内、国际市场的严峻挑战。而农业生产力提高难，农村自我发展能力弱，农民增收渠道少，农民综合素质较低，接受科技能力弱，农村居住环境较差，公共服务缺乏，农村经济发展相对滞后，因此全面建成小康社会重点、难点在农村。

从2004年至今，中央一号文件一直聚焦于“三农”问题，基本共识是推进城镇化战略，减少农民，进而为顺利实现现代农业生产提供条件，但在实践中，城镇化推进对“三农”问题解决还未达到理想程度，随着新生代青年劳动力的城市化迁移，“农村空心化、农民老龄化及农业边缘化”等新“三农”问题的出现，导致“老人农业”盛行，粗放经营、耕地破碎化、弃耕成为普遍现象，政府提出稳定粮食供给目标正受到前所未有的挑战，说明我们在着力推进城市化进程的同时，忽略了新型农业生产主体培育，以至于目前农业生产主体分化进程落后，结构不合理，仍以传统农业劳动力为主，而传统农业劳动力又存在年龄结构不均衡问题。为此，2012年中央一号文件提出“大力培育新型职业农民”，以破解未来“谁来种地”的现实问题。

2012年农业部确定100个县、市、区开展新型职业农民培育试点工作；2015 年试点范围增加为4个省、20个市和 500个示范县，同时，各地政府出台了许多相关培育政策，实践中涌现出各类模式，如陕西安康模式、安徽南陵模式。截至2017年年底，全国新型职业农民培育突破1500万人。但各级政府在培育过程中的普遍做法是注重文化素质和科技技能的培训，轻视职业道德、社会责任和可持续发展观的培育，致使新型职业农民职业道德缺乏，具体表现为：一是农业生产经营过程中过量施用农药、化肥、除草剂等造成的土壤污染；大力使用地膜、温室大棚塑料薄膜等废弃物对环境的污染，严重影响了可持续农业发展；二是经营过程中掺杂使假，失信经营，造成了农产品安全隐患和生态环境破坏问题。

随着经济发展及农村基础设施得到改善，农民生活水平不断提高，对优美生态环境的需要日益增长。因此发展现代生态农业，强化水土污染管控和修复，加强农业面源污染防治，开展农村绿化行动势在必行，而生态意识和可持续发展是现代生态农业的核心理念，是现代生态农业从业者崇高的职业精神，也是现代生态农业发展和新时代赋予新型职业农民的使命和责任。可见，新型职业农民的培育不仅要求农民有文化、懂技术、会经营，还要培育其诚实守信的社会责任感和可持续发展意识。

党的十九大提出实施乡村振兴战略，按照“产业兴旺、生态宜居、乡风文明、治理有效、生活富裕”的总要求，推进农业农村现代化。为了实现这一历史任务，我国必须大力培育新型职业农民，这是因为实施乡村振兴，不仅需要农民“有文化、懂技术、会经营”，还要具有职业道德、生态意识、社会责任感及奉献精神。当前，我国农民的文化科学素质、职业技能、市场意识、创业能力、职业道德及生态意识与乡村振兴的要求存在相当大的差距。培育新型职业农民就是要为乡村振兴培养造就一大批新型职业农民，把农村巨大的人口压力转化为人力资本优势，为生态农业和农村现代化提供智力支持和人才保障，这样才能持续推动乡村振兴战略实施的进程，才能真正实现我国全面小康社会。

第二章　新型职业农民概念及培育理论依据

在生态文明的大环境下，生态农业无疑成了我国未来农业的发展方向。生态农业是人类在了解到农业发展的自然规律和人与自然和谐相处的生产生活方式的基础上提出的。生态农业力求既满足人类生存、生活的需要，保证粮食安全，又以人与自然和谐相处的生态文明为思想指导，保障生态环境的可持续存在。这就要求从事农业劳作的生产者——农民，要具备生态农业的知识，要掌握使农业朝着生态化方向走的技能，所以在生态农业视域下培养新型职业农民是时代给予的任务。

第一节　生态农业概述

一、生态农业兴起

新时代条件下，旧的农业发展形式已经无法满足人们对生产生活的要求，人类社会发展已经进入了生态文明建设的新阶段。环境压力和“三农”问题要解决，我们只能走可持续发展的现代生态农业之路。必须尽快转变农业发展方式，在创新农业支持保护体系、构建新型农业经营体系、探索可持续发展模式等方面实现新的突破，切实将农业从主要追求产量和依赖资源消耗的粗放经营转到可持续的集约发展上来，这是有中国特色农业现代化道路的必然要求。生态农业是集约化经营与生态化生产有机结合的现代农业，是坚持以科学发展观为主线，走经济高效、产品安全、资源节约、环境友好、技术密集的新型农业现代化道路，是符合我国农业发展方向的必由之路。

（一）生态农业建设受国家大力支持

1984年《国务院关于环境保护工作的决定》指出，机关单位和相关部门要积极推广生态农业。1993年，国家部委组成了“全国生态农业县建设领导小组”，把生态农业正式纳入政府工作议程。1994年，国务院批准的农业部等七部委《关于加快发展生态农业的报告》提出，发展生态农业是中国农业发展的历史选择，积极开展生态农业的试点工作。1997年，中共十五大报告提出要发展生态农业，将“大力发展生态农业”作为中国实施可持续发展战略的重要措施。2006年，中共中央、国务院《关于积极发展现代农业扎实推进社会主义新农村建设的若干意见》中，明确了鼓励发展生态农业。2008年，中共十七届三中全会通过的《中共中央关于推进农村改革发展若干重大问题的决定》提到，要按照建设生态文明的要求，发展生态农业。2010年，中共中央、国务院《关于加大统筹城乡发展力度进一步夯实农业农村发展基础的若干意见》中指出，要加强农业污染治理，发展循环农业和生态农业。2014年中央一号文件明确提出，促进生态友好型农业发展。2015年中央一号文件进一步指出，健全耕地保护补偿和生态补偿制度。2016年，《农业综合开发区域生态循环农业项目指引（2017—2020年）》由农业部办公厅、国家农业综合开发办公室发布并施行。农业部和国家农业综合开发办公室研究决定，从2017年起集中力量在农业综合开发项目区推进区域生态循环农业项目建设。

以上这些政策的提出和实施充分体现了国家对解决我国农业发展的问题的重视。在经过实践的检验和科学的论证，同时借鉴西方发达国家的经验的基础上，以生态农业的推进方式来促进人与自然的和谐共生，促进中国广大农民生活水平的提高是切实可行的。

（二）生态农业是可持续发展的重要内容

2015年5月，《全国农业可持续发展规划（2015—2030年）》，提出要切实转变农业发展方式，努力走出一条中国特色农业可持续发展道路，旨在造福农民。这一政策，在资源节约型、环境友好型农业的基础上，添加了科学的生态保育型农业，肯定了生态农业的地位。生态农业有独特的创新性和生命力。首先，生态农业高度重视现代科学技术的支撑作用。在汲取传统农业的优良精髓的基础上，充分利用现代农业科技的成果，让生态农业发展成高效的农业。其次，生态农业具有较强的可操作性。现代生态农业既注重资源节约和环境优化的可持续技术体系、生产模式和生产方式，也注重采用现代生态投入品，实行专业化生产、产业化经营，产出高质量、高价值农产品的新型现代生产体系，并根据我国不同区域特点，制订了各区域生态农业未来的趋向，具有较强的实践指导性。最后，现代生态农业提出了保障现代生态农业发展的政策、管理以及法规体系。国家相应出台了一些法规政策，在很大程度上引导并鼓励了农业生产者的行为。当前我国这些制度建设还处于起步阶段，急需制订保障现代生态农业快速发展的政策法规，并尽快形成有效机制，保障现代生态农业的长期发展。

二、生态农业概念

生态农业是符合农业发展规律和人类发展利益的、现代化科技支持下的、生态文明理念指导下的高效农业。首先，生态农业有充分的理论依据，它在农业生产的知识体系下，融合了生态学原理和经济学原理。其次，生态农业有坚实的科学技术和合理的管理手段做支撑，它高效地运用了现代科技和管理方式，同时汲取了传统农业优秀的经验而建立起来的。最后，生态农业无论从现实利益还是长远利益来看都是高效的。生态农业与传统农业相比，是能获得较高的经济效益、生态效益和社会效益的现代化高效农业。

生态农业对农业的发展方式和方向是有要求的。它要求把粮食生产和其他经济作物生产统一起来，既要发展大田种植与林、牧、副、渔业，又要发展大农业与第二、三产业结合起来。合理运用传统农业的精髓和现代化的高科技成果，打造生态循环模式，协调好农业发展和自然环境的问题，实现经济、生态、社会三大效益的统一，造福人民。

中国传统农业在长期实践中形成的“天人合一”“天、地、人”三才思想和精耕细作、用地养地等精华，是生态农业发展的重要思想理念。中国生态农业的研究与发展，不仅需要紧跟世界潮流，还需要将传统农业的精华加以发扬光大，在现代生态农业中加以利用。

中国的生态农业的概念最早在20世纪70年代后期由西南大学农业经济学教授叶谦吉先生引入。1980年在银川农业生态经济研讨会上，生态农业概念第一次在我国学术界正式提出并得到了广泛重视，认为生态农业在中国大有可为，发展生态农业对荒漠化治理、农业生态环境建设、农林牧渔综合发展以及农民脱贫致富等具有积极作用。

1981年，马世骏在农业生态工程学术讨论会上提出了生态农业的定义，指出“生态农业是生态工程在农业上的应用，它运用生态系统的生物共生和物质循环再生原理，结合系统工程的方法和近代科学成就，根据当地自然资源，合理组合农、林、牧、渔加工的比例，实现经济效益、生态效益和社会效益三结合的农业生产体系”。1991年马世骏和边疆进一起对生态农业进行了明确的定义：“生态农业是因地制宜应用生物共生和物质再循环原理及现代科学技术，结合系统工程方法而设计的综合农业生产体系。”马世骏先生提出了中国生态农业“整体、协调、循环、再生”的基本原则，很快被大家接受。沈亨理（1996）进一步提出：“生态农业是按照生态学原理和生态经济规律，因地制宜地设计、组装、调整和管理农业生产和农村经济的系统工程体系，利用传统农业精华和现代科技成果，通过协调经济与环境之间、资源利用与保护之间的矛盾，形成生态上与经济上两个良性循环以及经济、生态、社会三个效益的统一。”

2010年，李文华对生态农业进行了进一步阐述："中国的生态农业以协调人与自然的关系为基础，以促进农业和农村经济、社会可持续发展为主攻目标，要求多目标综合决策，代替习惯于单一目标的常规生产决策，从而实现生态经济良性循环，达到生态、经济、社会三大效益的统一。"

2013年，吴文良提出生态农业是以生态学理论为指导，按循环经济模式，应用生态工程的方法，突出整体协调、循环再生、资源环境生态安全与效率、食品安全与质量保障要求，遵循人与自然和谐相处、生物多样性原理的可持续农业发展模式。简而言之，随着市场化高水平的运作，在保障生产力的同时兼顾资源、生态与环境和食品安全。

我国在实践与研究中对生态农业概念从不同层次、不同角度进行的长期探讨，明确了人们对生态农业的认识。现代生态农业就是依据生态学、生态经济学、资源环境学、系统科学等原理，遵循农业生产与生态环境协调发展的原则，吸收传统农业精髓，使用现代科学技术与管理方法建立和发展起来的生产高效、资源节约、环境友好的农业生产体系。其本质是生态农业与现代农业的有机结合，是一种既重视农业的社会效益、经济效益，又重视农业的生态环境效益的可持续发展的农业生产体系。

三、生态农业的特征

生态农业具有整体性、多元化、高效性与和谐性的特征。这些特征是符合现代农业发展的规律的，也是生态农业得到广大农民群众和国家政策支持的原因。

（一）整体性

生态农业重视农业生态系统的整体性效能，通过农业产业化与农业的大农业化方式，遵循"整体、协调、循环、再生"的生态环境发展原则，从整体出发，全局考虑，应用科学的理论知识，寻找可行的方式方法来调整农业结构，最大限度地优化配置农业资源，保障农、林、牧、副、渔各业和农村一、二、三产业整体协调向前发展，发挥农村各业的优势互补作用和联动作用，使之综合协调发展。

（二）多元化

我国生态农业有自己的特点，呈现出多元化的态势。这一态势产生的原因之一就是我国的地理特征。我国地域辽阔，跨经纬度都比较大，各个地域的自然条件、地理状况、经济与社会发展状况等许多方面都差异较大。这就决定了我国的生态农业发展各个生态圈的建立肯定是多元化的，肯定是在各地环境资源的基础上实现的各有特色的生态发展系统。因此各区域立足自己的环境优势，充分吸收传统农业有效经验，运用现代科学技术，以多种生态模式、生态工程和生态技术类型来配置农业生产，发挥各区域之所长，依据本区域的真实需要来实现生态农业的高效能发展，实现多元高效的生态农业。

（三）高效性

生态农业实现经济增长是明显的、高效的。其原因在于，生态农业的发展原理就是通过农业物质生产的循环和农业产能的多层次综合运用来系统性地对农业生产进行深度加工，实现农业经济增值。生态农业的高效性具体运作程式是：以高新技术为支撑，实行农业废弃物资源化整合利用，以科技和废物资源的再利用来降低农业整体的生产成本，在此基础上自然能够提高农业生产的整体效益，从而引导农村的人力资源合理配置，保护农民从事农业生产的主观能动性，加强农业生产和收益的高效性。

（四）和谐性

生态农业的理念从一开始就有人与自然和谐相处的思考在内。发展生态农业是发展人与自然的和谐相处模式，发展生态农业能够保护和改善生态环境，防治污染，维护生态平衡，保持人与自然的和谐。发展生态农业是发展人与人的和谐发展模式，它可以保障农业生产和产品的安全性，保障农村经济的持续发展，提高农民的生产生活质量，增强农业发展持续性，最大限度地满足农民发展的需求，缩小城乡差距，使城乡人民之间更和谐。

四、生态农业发展趋势

我们通过分析生态农业的发展历程和现状、发展蓝图和趋势来了解我国生态农业在农业发展中的状况，明晰生态农业的发展方向。

（一）生态农业发展历程与现状

1. 我国生态农业发展的历程

人类社会发展史是一部人与自然的关系史，从当下来看人类文明经历了三个阶段。第一阶段是原始文明，是人类依赖自然的文明期。第二阶段是农业文明，是人类适应自然的文明期。第三阶段是工业文明，18世纪英国的工业革命，开启了机械化、电气化、化学化的序幕，以化石能源为动力、以自然资源为原料的现代化进程。这个时期到目前已历时300多年。大量资源迅速转化为供人类消费的产品，极大地满足了人们生活消费和享乐需求，也为人类创造了巨大的财富。然而，进入工业文明后，由于人们无节制地向自然界索取，过度消耗自然资源，对生态系统造成了相当严重的破坏，人类的生存环境日趋恶化。由此人类开始进入生态文明建设的新阶段。在我国，生态文明已经上升为国家的发展战略，而生态农业的发展是建设我国生态文明的重要领域。我国生态农业发展起步于20世纪70年代，到目前可以分为起步探索阶段、试点示范阶段、深化发展阶段。

（1）起步探索阶段。20世纪70年代末到90年代中期，为中国生态农业发展的起步与探索阶段。这一时期学术界对中国农业发展道路进行了广泛讨论，提出了发展大农业的概念，为中国生态农业的产生奠定了舆论基础。1980年在银川召开的农业生态经济问题学术研讨会，首次提出了生态农业的概念。1981年，中国科学院院士、著名生态学家马世骏在农业生态工程学术讨论会上提出了“整体、协调、循环、再生”农业生态工程建设理念。1981年中国农业生态环境保护协会在江苏常州召开的“开创农业新局面”讨论会上，发出“发展生态农业，开创农业环境保护工作新局面”的倡议书。与此同时，1982~1984年连续三年的中央一号文件都强调农业要“充分发挥中国传统农业技术优点的同时，广泛借助现代科技成果，走投资省、耗能低、效益高和有利于保护环境的道路”。1984年《国务院关于环境保护工作的决定》中指出：“要认真保护农业生态环境，积极推广生态农业。”在这一系列的政策中都伴随着我国对农业发展的探索，最终我们确定了要走中国特色的生态农业。农业部提出了发展生态农业的总体思路，并开展了一系列的试点示范。根据我国的农业发展实际，一方面专家学者在理论构架上进行了探讨；另一方面开始在农村进行生态农业试点，为下一阶段工作的展开做好准备。

（2）试点示范阶段。20世纪90年代中期到21世纪初，中国生态农业发展进入试点与建设阶段。1993年起，农业部与国家计划委员会、财政部等七个部委局联合，在全国相继组织开展了51个国家级生态农业试点县建设项目，这些试点县覆盖了不同的区域。各生态农业的试点县依据生态学和生态经济学规律，通过合理调整和规划农、林、牧、渔产业结构，取得了显著的经济、生态和社会效益，初步实现了经济和生态环境的协调发展。在这一时期，党中央、国务院十分重视中国农业的可持续发展，为农业可持续发展提供了有力保证。1993年，由全国生态农业领导小组组织制订了

《全国生态农业发展纲要》，提出中国生态农业建设的近期规划和中长期发展目标以及政策、技术、经济措施，并把规划纲要的核心内容分别纳入了全国农业发展“九五”计划和2010年远景规划，为“九五”期间及今后一段时期中国生态农业建设描绘出了宏伟蓝图。随后，在总结第一批生态农业县试点的基础上，农业部提出在全国大力推广和发展生态农业，第二批国家级生态农业示范县建设期为1998~2002年。这期间生态农业模式和相关的科学技术得到深入研究和较广泛推广，国家生态农业县建设起到了很好的连带作用和示范效果。

（3）深化发展阶段。21世纪的前10年，中国生态农业的发展进入了多元化与综合发展阶段。多元化集中体现在若干领域相继启动了建设项目和示范工程，包括农村新能源开发、测土配方工程、农田清洁生产、外来物种入侵防范、生物多样性保护、安全农产品认证等，在生态农业各分支领域进行了深入的研究及示范工作。综合化则体现在把生态农业的发展同改善生态环境结合起来，开发和保护结合起来，自然资源和文化资源结合起来等诸多方面，调整和优化农业和农村经济结构，发展现代高新技术提高产品科技含量，同发展旅游农业、观光农业、休闲农业、度假农业，来增加农民收入提高农民生活质量和文化素质等，全方位考虑生态农业的发展。新时期，公民的生态环境意识和食品安全意识空前高涨，成为开展生态农业建设最重要的民意基础。而且生态农业相关的科学技术与理论成果、国家政策支持等都有了长足发展。中共十八大把生态文明建设提高到“五位一体”高度，并要求把生态文明建设贯穿到政治、经济、文化和社会建设的方方面面。在这样一个新的机遇期，深化生态农业建设工作，不仅是十分必要的，还是完全可行的。中国的生态农业发展正在进入一个新的快速、深化发展阶段，向好利民。

2. 我国生态农业发展的现状

我国生态农业建设逐步走上了制度化、规范化轨道，全国已基本形成国家、省、试点县三级生态农业管理和推广体系。随后，生态农业建设范围逐渐扩大，农业部采取了一系列切实有效的措施，大力发展循环农业，应用现代科学技术，节约农业生产成本，保护农业资源，资源化利用农村废弃物，促进传统农业生态转型，加快了中国农业循环经济发展进程。以时间为线，中国生态农业的发展现状具体如下。

（1）中国生态农业试点建设规模不断增加几近连点成片区。中国生态农业试点建设，从2007年农业部选择性建设1万个自身良性循环的零污染的生态新村。到2010年，中央重点支持17个省、直辖市和市农业环境主管部门等进行的农村清洁工程示范，再到农业污染治理和草原、海洋保护方面的积极示范进展。农村生态系统工程建设规模不断增加。2018年，在“美丽乡村”创建过程中，农业部培育了一批不同区域、不同类型、不同特色的“美丽乡村”。新的试点模式也在探索中有条不紊地进行着。

（2）针对生态农业的相关法规政策在逐步完善。改革开放以来，通过建立健全相关法律法规体系，中国在生态农业与资源环境保护方面取得了一定进展。已制定的《全国生态农业发展纲要》明确了生态农业建设的近期和中长期发展目标，要求将生态农业发展的阶段目标、任务和措施纳入国民经济与社会发展的五年规划中。国家历次重要会议上都把生态农业作为一个重要方向加以论述和强调，各部门要积极推广生态农业，防止农业环境的污染和破坏。指出发展生态农业是中国实现由自给、半自给经济向大规模的商品经济转化，由传统农业向现代化农业转化的重要举措之一，也是改善农业生态环境，实现良性循环的重要途径。发展生态农业作为中国实施可持续发展战略重要措施之一，国家加大发展生态示范区和生态农业县建设力度，鼓励和支持生态良好的地区在实施可持续发展战略中发挥示范作用，在有条件的地区，应努力推动地级和省级生态示范区的建设，积极推进生态农业建设。

（3）深度有效挖掘了传统农业的精髓，并结合实际予以新的发展方式，中国生态农业接轨世界。中国古代农业出现过大量宝贵的财富，如汉代推广的屈辕犁、耧车，取水灌溉所用的水转翻车等。还有很多农田水利工程设施投入使用，如战国时都江堰工程等，它在今天依然发挥着相当大的作用。联合国粮农组织先后将我国的浙江青田稻鱼共生系统、江西万年稻作文化系统、云南红河哈尼稻作梯田系统、贵州从江桐乡稻鱼鸭复合系统、云南普洱古茶园与茶文化、内蒙古敖汉旱作农业系统、河北宣化城市传统葡萄园等列为全球重要农业文化遗产保护试点。引进国际先进农业科学技术计划项目是由农业部、水利部和国家林业局组织实施的重大农业科学技术计划项目，已执行了三个五年计划。中国具有丰富的传统农艺技术经验，如轮作、多熟制、增施有机肥、农牧结合等，这些技术深受广大发展中国家欢迎，同时我们也借鉴了他国的先进经验。中国生态农业在“走出去”和“引进来”中逐渐迈向大发展。

（二）我国生态农业发展的蓝图与趋势

1. 我国生态农业发展的蓝图

我们从我国生态农业发展的蓝图目标、蓝图思路、蓝图实施步骤三个方面来说明我国生态农业发展的未来方向。

（1）我国生态农业发展蓝图的目标。

我国生态农业发展蓝图的目标是建立持续高产、资源节约、环境友好、生态调控、能源再生、低本高效的现代生态农业产业体系。用20年左右的时间，基本实现农业生态转型，确保粮食及主要农产品有效供给、质量安全及农业生态环境持续改善，使获得绿色、有机等生态标志的农产品达到总量的50%以上，实现中国农业高产、优质、高效、生态、安全和可持续发展。

（2）我国生态农业发展蓝图的思路。

我国生态农业发展蓝图的思路是“一个主攻目标、两条转型主线、三个战略阶段、四个区域类型、五大建设重点、六大战略转型体系建设”。一个主攻目标，即建立持续高产、资源节约、环境友好、生态调控、能源再生、低本高效的现代生态农业产业体系。两条主线，即农业综合生产力的持续提高和农业生态资源环境的持续改善。三个战略阶段，即近期在突出的产品质量安全和产地环境安全综合治理方面取得突破进展，中期在农业主导产业生态转型、资源循环利用和生态制度建设方面取得全面进展，远期建立投入、生产过程、产品安全、市场流通全过程的生态农业全程控制体系，有机绿色农产品以及其他标准化生态产品成为主导农产品。四个区域类型，即生态脆弱区的生态治理与结构优化、生态资源丰富区的资源保护与多元开发、农业优势主产区域的种养结合循环再生高效生产与加工增值、沿海与大城市郊区的直接服务城市为导向的都市型外向型观光旅游休闲农业园区发展与生态景观建设。五大建设重点，即农业的资源节约与替代技术、清洁生产与污染防治技术、农业与农村景观布局调整、农业循环体系构建与生物多样性的农业利用。六大战略转型体系建设，即现代生态农业示范体系、生态农业的体制与机制创新体系、生态农业的宣传教育与人才培养体系、生态农业的市场监督与管理体系、生态农业的财政与金融支持体系、生态农业的政策与法规保障体系。中国现代生态农业建设要以“五位一体”“五化同步”为指导，可持续发展为导向，按照“重点突破、主产转型、投入控制、模式多样、循环再生、清洁生产、产品安全”的总体思路，推动我国农业发展的生态转型，实现农业的高产、优质、高效、生态、安全。

（3）我国生态农业发展蓝图的实施步骤。

我国生态农业发展蓝图的实施步骤分为近期、中期、远期三个部分。

①近期为2015~2020年，是农业生态环境问题治理重点突破阶段。这一阶段主要针对农业领域突出的资源、环境和生态问题，采取综合手段，扭

转生态环境恶化趋势。重点实施"负面清单强制计划"和"绿色行动激励计划"。"负面清单强制计划"包括化肥和农药为重点的种养业投入品的减量使用管理、杜绝剧毒农药使用、强制农膜回收、禁止秸秆焚烧、对大中型养殖场废弃物强制处理、限期治理与规避土壤重金属污染、强制限采地下水等。"绿色行动激励计划"，即鼓励和支持生态型技术与模式的开发与应用，实施绿色标签产品与有机转换认证补偿，支持生态保育行动，补贴生态用水用地和绿色生产资料使用，建立生态友好示范样板。经过6年的努力，实现作物秸秆和畜禽粪便基本实现资源化利用，农膜基本实现回收，土壤重金属污染得到初步遏制。绿色、有机等生态标志的农产品比例达到15%，全国化肥使用零增长、农药使用总量下降。

②中期为2021~2025年，是农业主导产业生态转型、资源循环利用和生态农业制度建设取得全面突破阶段。这一阶段在前6年重点突破阶段进行综合治理、积累经验、建立样板的基础上，通过立法保障与制度建设，实施绿色预算与推行生态补偿政策，启动"农业生态制度建设"和"农业生态转型示范工程"两大行动计划，重点实施农产品主产区和主导产业的生态化改造，重要商品粮生产基地形成节水、节地、节肥、节药、节能的农业生产体系，使绿色、有机等生态标志的农产品占比达到30%。

③远期为2026~2035年，是生态农业产业体系全面建设与优化阶段。这一阶段要在前两个阶段基础上，实施"农业休耕与生态恢复"和"农业生物多样性保护与持续利用"行动计划，生态农业制度全面有效运行，实现生产资料、生产过程、产品产出、生态环境等安全控制。全面建成现代生态农业产业体系，使绿色、有机等生态标志的农产品占比超过50%，全面实现农业的生产高效、资源节约、环境友好的目标，使生态农业进入新高度。

2. 我国生态农业发展的趋势

我国生态农业发展中出现了一些亟待解决的问题。如果解决好这些问题，生态农业就能健康快速发展，而且解决这些问题，也为我国生态农业找出了发展的趋势。

（1）我国生态农业发展的问题。

我国生态农业历经起步探索、试点示范、深入发展等不同阶段的实践，已初步建立中国特色的生态农业理论、推广和管理体系，形成了一系列有一定国际影响力的生态农业典型模式，形成了国家、省、县级生态农业试点建设的经验，生态农业建设正逐步向制度化、规范化方向发展，取得了显著的经济、生态、社会效益。但是在充分肯定我国生态农业建设取得成效的同时，也要认识到我国生态农业建设和发展存在着一系列问题。

首先是对生态农业重要性认识不深刻。农业生产经营者因为认识上的偏误，往往把产品数量和经济效益放第一位，而对产品质量和保护环境没有给予足够重视。有人片面地认为生态农业是生态脆弱区的问题，农业主产区发展生态农业没有必要，把发展生态农业与农产品产量对立了起来；还有人误读为，中国当前的主要矛盾是解决粮食生产和农民收入问题，对中国发展生态农业的紧迫性、可行性持怀疑态度。

其次是现有政策对发展生态农业激励程度弱。现有的政策和法规没有形成对农业环境污染、生态破坏等外部性问题的有效规制，没有健全对农业生态环境保护的补偿机制，对农户采用生态农业技术没有形成有效激励。

再次是生态农业管理体系不健全。建设现代生态农业是一项系统工程，涉及国家多个部门，但由于部门间职能交叉、协调不够、多头管理，生态农业发展存在“领导着急、学者担忧、企业不管、群众不理”的现象。

另外，还有相关标准体系不完善的问题。从国外经验看，生态农业标准既有推荐性标准，也有强制性标准，既包括生态农产品标准，还包括环境要素标准、生态农业模式标准、生态技术和加工标准等，共同构成完整的生态农业标准体系和操作规范。我国生态农业标准未系统建立，已有标准内容过时、可操作性差的问题，都是生态农业发展亟待解决的问题。

最后是生态农业替代技术和专业人员匮乏的问题。发展生态农业，必须有先进适用的替代技术，包括资源节约技术、资源替代技术、循环农业技术、生物多样性利用技术、污染治理技术、健康产品生产技术等，但我国现有环境友好替代技术和健康产品在性价比上还不具备竞争优势，影响了生态农业技术的推广。实践中，生态农业管理和技术人员缺乏、有专业技能的劳动者缺乏，这大大制约了生态农业的发展。所以，培育新型职业农民的要求应时而生。

（2）我国生态农业发展的趋势。

根据我国生态农业发展中出现的问题，立足国情，借鉴国外农业生态的先进理论经验，以完善的理论体系为指导，以成熟的市场需求为驱动，以政策法规保障和高科技为支撑，以严格的质量监控为保证，以系统的咨询服务为依托，可以看到我国生态农业未来的发展趋势。

①我国农业要实施生态转型战略。世界上典型的农业生态转型战略包括预防、创新、循环和双赢原则。预防原则包括发展生态农业、生态工业、生态旅游、生态城镇、保护自然和生物资源等。创新原则包括环境友

好的知识创新、技术创新和制度创新，提升生态效率和生态文化等。循环原则包括发展循环经济，提高废物再循环、再利用、再制造和废物处理率等。双赢原则包括经济发展的同时，加强生态重建，降低生态退化，实现经济和环境双赢等。根据国外生态农业的发展经验，我国在生态农业建设中，要树立科学发展观，倡导生态文明观，推广可持续发展模式，寓环境保护、生态建设于农业发展过程中，及早实现农业的生态转型。

②我国生态农业要完善政策法规体系。与传统农业发展相比，生态农业承担着更大的机会成本，所以更加需要政策扶持，构建系统的激励机制。这就需要国家相关部门构建符合要求的法律、法规体系，引导生态农业的生产者的行为。可以借鉴国外成功经验，结合我国实际，经过相关专家的研究和调查来完善我国生态农业政策法规体系。

③我国要健全生态农业市场运作机制。各国在农业生态转型中都重视发挥市场的基础性作用，在发挥市场主体作用、建立新型营销模式、优化价格形成机制等方面采取了一系列措施。中国应发挥行业协会和农村经济合作组织的作用，引导生态农产品市场主体，健全收购、加工、销售网络，合理扩大经营规模、降低经营成本，通过优质的市场服务，增加消费者的信任，满足消费者对产品质量的需求，以赢得市场竞争力。进一步加快中国生态农业市场规范化建设，建立新型的市场营销机制，如会员制、直销模式、产品标识制度、电商网络和生态旅游营销等。优化农产品价格形成机制，做到优质优价，确保生态农业的合理收益。

④我国要建立生态农业配套技术体系。从国际经验看，发展生态农业既要注重挖掘传统生态农业技术精髓，又要结合实际加快技术创新，并进一步集成，形成现代生态农业技术体系。要借鉴国外经验，实行科研、推广、教育“三位一体”的体制，克服目前农业科研、推广和教育相互独立、自成体系的弊端。在技术路线选择上，坚持以我为主。可以实施“相对休耕”，当这些地区的耕地生产能力恢复到一定程度，再次实施耕作。同时要健全生态农业标准化体系，形成管理标准、技术标准和产品标准三个标准一体化作用能力。需要参照国际标准化体系，构建我国生态农业标准化体系，使我国生态农产品与国际市场良性对接，提高中国生态农业的国际竞争力。

⑤我国要强化公众生态理念。发达国家高度重视保护生态环境与生态农业，从立法、政策、贷款和舆论宣传上相互配合，营造一种发展生态农业的社会氛围。我国应该强化公众生态理念，这就要求政府、社会、学校、家庭等各个方面来强化宣传、提高全民生态文明意识，强化全体国民的生态农业理念。

第二节　现阶段农村农业发展现状及农村劳动力情况

近年来，中国农业取得了瞩目的成就，但是也面临着诸多问题，即农业资源匮乏、农民收入增长停滞、城乡差距日益扩大、农民农业收益甚微、劳动力的缺乏、政府的价值取向等限制了农业自我发展的能力，农民和土地的关系越来越紧张，外来品种对本地品种的影响与盲目追求产量的发展等。这些问题已对中国农业发展造成极为不利的影响。

一、现阶段农村农业发展现状

现阶段农村农业的发展状况既有由农业的逐步发展累积而来的成就，也有问题。所以我们非常有必要阐明我国农业现阶段是如何发展而来的，存在怎样的问题，有怎样的应对策略。

（一）现阶段农村农业发展的成就

我国是世界人口第一大国，占世界总人口的近五分之一。解决我国人口吃饭问题与维护国家粮食安全一直是农业面临的第一要务。改革开放以来，中国农业取得了很大成就。目前中国谷物单产水平为20世纪50年代的10～15倍，1990年以来中国粮食产量每年以1%的速度逐年递增，显著超过了人口增长速度。2000年以来，中央提出了“三农”工作“重中之重”的战略思想，确定了“工业反哺农业、城市支持农村”的基本方针，强农、惠农、富农政策体系逐步建立健全，农业发展的政策环境不断改善。2009年之后，农村居民人均可支配收入连续多年持续增长，但是城乡收入差距依旧很大。按照联合国的标准，中国贫困人口数量连年减少，农村人口脱贫速度为世界之最。这些成绩有目共睹。在看到成功的同时，也要思考现阶段农村农业发展中存在的问题。

农业在我国国民经济中占有重要的地位。必须正确认识和处理农业、农村和农民问题始终是国家发展的根本性的问题。当下我国在农业上取得了巨大成就。粮食单位面积产量的提高是中国粮食增产的主要因素。随着科学技术的发展，我国的育种学家培育出了高产、抗逆、抗胁迫的农作物，如水稻、小麦、玉米等。这使得农业的生产增长速度超过了人口的增长，这也保证了我国人民的生活温饱，使我国农业的综合生产力有显著提高，使我国农民的生活水平得到了明显改善，使我国农村的整体面貌焕然一新，使我国农业国际合作与交往也得到了快速发展。

（二）现阶段农村农业发展的问题

中国农业发展有了可喜的成绩，但是农业发展过程中涌现出来的一系列问题也不可小觑，如农业资源匮乏、城乡收入差距扩大、劳动力的缺乏、政府的价值取向限制了农业自我发展的能力、农民和土地的关系越来越紧张、外来品种对本地品种的影响与盲目追求产量的发展等。

1. 农业资源匮乏问题

农业资源匮乏是现阶段我国农村农业发展的主要问题之一。我国农业资源总量居于世界前列，但人均占有量大大低于世界均值，而且在逐渐减少，对我国农业发展形成了巨大的障碍。土地资源和水资源是匮乏相当严重的农业资源。随着我国城市化、工业化快速推进，导致农用耕地流失严重。据调查，导致这一结果的原因有房地产开发、园区建设、城区改造、道路修建、耕地“他用”、由于农村劳动力不足的耕地“不用”以及由污染、酸化、贫瘠化、草地化和荒漠化导致的耕地退化。我国水资源总量很多，但是人均占有量不足世界平均水平的1/4，随着水资源污染的急剧扩大，农田无法得到充足的灌溉，我国农业将面临更大的挑战。

2. 城乡收入差距扩大

据有关研究，在扣除必要的生产性开支、不考虑通货膨胀的情况下，当前农村居民人均收入的绝对数甚至赶不上1995年城镇居民的收入水平（4283元）。这直接导致了农村的青壮年放弃务农，从而使农村劳动力数量短缺，同时伴随着农村劳动力的年龄老化、体力弱化，兼有一些劳动技能不可承续的遗憾。由于农村人力资源涌向城镇，剩余的农村人口大多是儿童、老人、残障人士，其体力往往难以适应农业生产活动，长期以来在损害他们身体健康的同时也不利于大力发展现代高效农业。这将形成一种恶性循环，这种循环的结果是农民收入增长处于长期停滞或徘徊，使得城乡差距日益扩大，最终影响农业的发展和社会的稳定。认真分析前些年我国在农业上的政策可以发现，以前的涉农政策具有向工业、向城市倾斜的意志，这在很长一段时间影响了农业的发展。

3. 国家政策的导向

长期以来，由于政策导向和生存压力所迫，农民增产的方式就是向土地要生产力，这使土地的生产力过度开发，农民与土地的关系越来越紧张。新中国成立至今，越来越多的外来技术和品种涌入并且逐渐占领我国的田间地头。就转基因植株而言，它确实有易种植、好看护、抗逆、抗胁迫、高产等诸多优点，但是其大面积的推广很可能导致无法挽回的基因污染和农田生态系统的破坏。这些外来品种可能会造成生物多样性的丧失，并且严重影响对本地品种的种植。现在我国农村耕作技术落后，粗放的农业生产方式，在解决粮食产量问题的过程中，造成了很多环境问题。农业成本不降反高，农产品品质堪忧。加之一些盲目追求高产的规模化养殖造成的环境污染、畜禽类流行病的产生，导致目前农业的经济效益与生态效益都双双低下。在盲目追求产量的发展方式下，农业生态环境呈恶化趋势，这就要求国家政策在规范化农业生产的同时，要引导农民健康生产，既可以提高农民自身的利益，又可以与生态环境和谐共存。

（三）现阶段农村农业发展的策略

农业是国民经济的基础，任何时候都不能放松。“无农不稳，无粮则乱。”因此，农业在整个国家的发展战略中占重要地位，现阶段就要努力发展生态农业。应采取以下策略。

（1）处理好现代农业与现代农民的关系。

（2）处理好发展现代农业与农民增收的关系。

（3）处理好外部支持和挖掘农村内部潜力的关系。

要实施以上的三点策略，需要国家、社会、农业专家和农民自身的共同努力。

首先是国家方面。农村事业的发展离不开国家的支持，除了政策支持外，在发展进程中的基础设施建设资金投入上，国家也是主要来源。另外，“工业反哺农业，城市支持农村”的大政方针必须要实行，依靠国家和地方财政扶持提高农民发展生态农业的积极性，这也是可持续发展的要求。

其次是社会方面。发展生态农业需要完善农业社会化服务系统。完善的农业社会化服务系统是我国生态农业发展的重要支撑，它包括现代金融保险方面、科技方面、农业投入与产出、新型职业农民培训等。

再次是专家人士方面。发展生态农业需要相关产业和科技的支撑，先进科技日益成为生态农业发展的重要特征，这就要求专家学者们要切实做好调查研究，为生态农业的科技支撑做出贡献，推动农业由资源依存型向科技依存型的生态转变。

最后是农业是经济发展、社会安定、国家自立的基础。农业政策的核心主旨应该是改善农户的生活状况。现有技术的扩散是农业产出增长的源泉。因此我们应当尊重农民的意愿，保护并发扬农民的生产积极性。国家应做好农业新技术的开发和扩散，最终实现农村居民的全面发展，直接表现就是增加农民的收入，使其实现经济自由。

二、农村劳动力状况

农村劳动力状况在一定程度上反映了农业的发展状况。农业的发展需要高素质的职业农民，而从我国农村的农民劳动力素质现状来看，虽然这些年来，农民的文化基础素质有了一定程度的提高，但是仍然不能满足生态农业对其的要求。农村劳动力的状况主要呈现出的特点是：农民劳动力下降，影响农业可持续发展；农民人力资本流失，农业生产率停滞；农民专业技能差，科技成果难以推广转化；农业知识更新缓慢，农民收入难以增加。

农村劳动力即农民，农民素质包括各类科学文化知识和身体素质等。农民素质的高低决定着新农村建设的成败，关系着农业的发展。但目前我国农民多、穷、散、弱等特点依然存在，原因就在于农民文化素质不高，老龄化现象日趋严重，农业后备人才缺乏，这些已经成为制约现代农业发展的瓶颈。

（一）农民劳动力资源匮乏，影响农业可持续发展

随着城镇化的发展，大量农村青年为获得较好的生产生活条件涌入城市，使农村优质劳动力数量骤减，农业劳动力资源匮乏，这更加影响了生态农业的发展。中国农业大学课题组对全国10个省市20个村庄的调查，农业劳动力的平均年龄为57岁。农村的空巢致使留守农村进行农业劳作的劳动力以老人、妇女为主。优质务农农民总量相对不足，将来“谁来种地”问题令人担忧，这严重影响了我国农业的可持续发展。

（二）农民素质水平低，农业生产率停滞

我国农民素质水平不高主要表现在：文化知识水平低、科学技术能力弱、经营管理素质差、思想意识落后等方面。这些都是发展农业亟待解决的问题。

1. 文化素质水平低

农民文化素质水平低可以从与城市人口的文化水平的对比中看出来。

农村地区长期落后的原因很多，但不可否认的是农村教育水平低，政府在前期注重城市的发展，相对忽视了对农村的财政投入，农村的各种基础设施和教育水平相对不高，农民长期挣扎在出卖劳动力，换取温饱的生存线上，对知识文化的重视程度远远低于城市。但是现代发展到了“城市反哺农村”的发展阶段，农民文化知识素质的高低直接关系到生态农业建设成败，关系到我国可持续发展战略的成败。农民的文化素质是指从事农业劳动者的文化知识水平，具体体现在劳动者所掌握的文化知识的数量与质量上。另外，农民文化素质水平低可以从与世界发达国家农民的文化水平的对比中看出来。日本农民的文化素质表现为：初中学历占19.4%，高中学历74.8%，大学学历5.9%。美国大部分农民的文化素质表现为：大部分农场主是高等农学院毕业生。在荷兰80%的农民受过中等教育，12%毕业于高等农业学院。我国务农农民中小学、初中学历的占70%以上，农民平均受教育年限只有7到8年，与城市相差近3年，与发达国家相比，文化程度差距很大。加之，城镇化进程的加快，农村劳动力资源向城镇和非农产业转移，导致农业人力资源外流，留守劳动力老龄化、弱体质化严重，农村劳动力文化素质呈结构性下降。

2. 科学技术能力弱

我国农民专业技能差导致的直接结果就是科技成果难以推广转化成生产力。科学技术能力即科技素质，一般是指从事劳动的人所掌握的科技知识及其应用水平，包括科技知识的数量、质量及运用于生产实践的熟练程度上。科学技术能力弱，就会影响农民掌握新的科学技术，影响其把科学理论成果转化为实际生产力。近些年来，我国每年有6000多项农业科技成果问世，但转化为现实生产力的只有30%～40%，与国外70%～80%的成果转化率相去甚远。发达国家农业技术推广员一般占农村人口的1%，我国只有0.083%，提高我国农民的科学技术应用能力任重而道远。

3. 经营管理素质差

经营管理素质是指劳动者根据市场需求变化来合理组织、控制生产的能力。我国农民目前的文化知识水平、思想理念意识很少能到达经营管理的层面。由于市场经济运行的规律，农业市场的信息接收与反馈能力差，要发展生态农业，实现农业的大生产就必须提高农民的经营管理素质，在政策层面倾斜，加大财政投入，现阶段可以普及简单的经营管理的教育和培训，让农民了解农业经营管理的基本知识。

4. 思想意识落后

长期落后的生产力，致使农民在文化知识方面的获得极少，思想意识保守，无法适应生态农业的发展要求。这些具有稳定性、内隐性、持久性、顽固性等特征的观念所形成的传统行为使中国农民的行为非理性化。

三、“新三农”问题：农村空心化、农业边缘化、农民老龄化

“新三农”问题主要是“农村空心化、农业边缘化、农民老龄化”的问题，发展生态农业一定绕不开这三个问题。要应对“新三农”问题，可以通过对农村生活模式、农业生产模式和农民养老模式进行政策性调整进行解决。

（一）“新三农”问题

1. 农村空心化问题

农村“空心化”是指在我国城镇化进程中，农村人口大量流入城镇而发生的农村居住场所的废弃或者叫“空废化”“空心化”等问题的总体统称。农村“空心化”就是在城乡转型中，农村人口为改善生活条件，涌入城镇谋生，“人走屋空”；或随着生活水平的提高，人口的增加，新建住所不断向耕田要空间，以致农田的耕种面积不断缩小，与此同时，老旧的废弃住宅并没有恢复成耕地，而是简单粗暴地闲置废弃，形成的“外扩内空”式的“空心化”。综合来看，农村“空心化”主要原因有三种，一是城镇郊区的农村在城镇化的过程中融进了城镇，举村搬迁，农民原住地变成了“空心化”废弃村落；二是偏远农村的农民为谋生大量涌入城镇而造成的“空心化”偏远村落；三是为实现政府规划，农村整合并入的临时衔接不当造成的“空心化”问题，但是在政策规划完成后这一问题就会解决。

2. 农业边缘化问题

第二、第三产业占GDP比重的增加是经济进步的重要指标，农业占GDP比例是一项衡量经济现代化发展的标准之一。随着我国发展进程的不断加快，第一、第二、第三产业在国民生产总值中的调整是一种正常现象。但需要注意的是，整个农业在产业所占比重中呈现越来越弱的趋势，农民对市场信息的把握总是不够及时，这些都导致了我国农业发展的劣势。而且，在我国，农业在面临国际市场的挑战中屡屡失败，成了我国经

济发展的“短板”。加之城镇化必然会引起的农村劳动力资源流向城镇，农民从事农业生产的积极性不高。当然城镇化也为农村未来的进一步发展开创了优良条件，如为发展农业生产的规模化经营和农民增收创造了有利条件。另外，要进行农业生产的规模化经营，土地流转经营这一问题也需要注意。

3. 农民老龄化问题

当前我国已经全面进入快速老龄化发展阶段。根据2016年调查，我国农村地区平均每3个成年人需要负责赡养1位老人，农民养老问题越来越值得关注，并且亟待解决。城镇化进程，越来越多的农村青壮年离开农村，打破了传统的农村家庭式养老的稳定性与可行性，但与此同时，新的适应农村地区新时代养老的模式还没有形成，这就使农民老龄化后的养老问题成为关系到农民生存的重大问题。可以说，城镇化和工业化的发展，使妇女、儿童、老人成为农村人口的主要组成部分，其中老人的养老、儿童的教育和抚养，都成亟待解决的问题。

（二）应对“新三农”问题的策略

在应对“新三农”问题中，农村居民、农业生产者和农民养老提供者是进行治理的主体力量。要应对“新三农”问题，可以通过对农村生活模式、农业生产模式和农民养老模式进行政策性调整而进行解决。

1. 调整农村生活模式

调整农村生活模式是解决农村“空心化”的重要举措。国家在政策体系方面应加大改革力度，合理调配城镇与农村的资源配置，同时打破户籍制度，给予农民公平合理的生存生活环境，建立符合人性化要求的人口自由流动机制，加大农村的财政投入，缩短城乡差距。让农民从传统繁重的农业劳动中解放出来，在国家政策支持的环境中，提高自身素质，运用科学技术来经营农业，以生态观念来发展农业，以终身学习来提高自身的素质，从而为家庭、社会、国家的发展做出贡献。

2. 调整农业生产模式

农业生产模式的调整是解决我国“农业边缘化”问题的重要措施，也是解决“农村空心化”“农民老龄化”重要连带措施。我国农村人力资源匮乏的现状是因为农业生产的不合理造成的，农民无法从耕田获利，要生活就要流向能提供生活基本需求的城镇谋生。调整农业生产模式，让人力资源合理配置，土地资源产业化。促进农民增收，缩小城乡差距。这是解决“新农民”问题的关键。

3. 调整农村养老模式

国家政策必须支持实施城乡之间各项公共服务的均等化，从而为农民老有所养提供坚实的制度保障，这是解决“农民老龄化”问题的根本出路。农民，尤其是老龄化的农民，是我国很大一部分的弱势群体。他们普遍知识水平低、思想守旧，但是经调查，随着农村家庭结构的变迁和人口的持续外流，他们普遍向往城镇居民的养老体系。国家应通过政策支持，加大对农村地区的公共服务的财政投入。

第三节　新型职业农民提出及内涵

生态农业是以现代科学为基础，应用其技术、工业装备以及现代经济科学管理方式，创造高产低耗的优质农业生产链并且合理进行资源配置、具有高效科技成果转化力的农业生态系统。这一系统的维持与运作需要高素质的农业人才，新型职业农民是以农业为职业、具有相应的专业技能、收入主要来自农业生产经营并达到相当水平的现代农业从业者。科技不断进步的现代社会中，生态农业现代化的进程不断推进必将催生新型职业农民。农民的素质状况是制约我国生态农业发展的关键因素，它影响着社会主义新农村建设的进程及目标的实现。现代生态农业的发展要求农民要有较高的自身素质。

一、现代生态农业需要高素质农民

我们从生态农业需要高素质农民的原因和生态农业需要农民具备的具体素质与特征来阐明这一部分，同时也是为农民培育的必要性理清原因。

（一）现代生态农业需要高素质农民的原因

我们通过分析高素质农民与传统农民的区别来明晰为什么现代农业一定需要高素质农民。

1. 传统农民不适应现代生态农业的发展

“农民”是我们日常生活中常听到的词语，是一个非常熟悉的词语，但是要对“农民”下一个定义却没有那么简单。古今中外关注农民问题的专家学者都为此做出过不同角度的尝试。

“农民是直接从事农业生产的劳动者，在资本主义社会和殖民地半殖民地社会，主要指贫农和中农，社会主义社会，主要指集体农民。”这是《辞海》中对农民的定义，是从职业属性上来界定农民。基于我国农民问题的现实，“农民”，并不是像律师、教师、医生这样的职业概念。因此，我们知道“农民”仅指“传统农民”，是指从身份和观念上认定的农民，是在农村地域内以从事第一产业类生产经营与管理为主的农村劳动力。它包括从事农林牧副渔生产经营以及农村管理的各类人员。其中既包括留守在农村的原本从事农业生产的劳动者，又包括返乡务农的转移劳动者以及从城市逆流到农村从事第一产业类经营的劳动者，而不包括那些户口在农村，但是却不以务农维持生计的人群。

中国对农民问题的研究在较长的时间里显得相对沉闷。富有争论的近代思想史中也只有为数不多的梁漱溟、费孝通等学者创造了一枝独秀的农民问题研究。追溯中国丰富的历史文献，从《汉书·食货志》中“辟土殖谷日农”、《谷梁传·成公元年》中的“古者有四民，有士民、有农民、有工民、有商民”、《颜氏家训》中“农民则计量耕稼”等文字中得知，农民主要指以种田为生的老百姓。我国著名农业专家秦晖先生有关农民的结论是：“农民本来就没有一个统一的定义，不仅中国的农民如此，外国的农民亦然。”

与中国相比，外国人士对农民的讨论较多。《新帕尔格雷夫经济学大辞典》关于“农民”的词条写道：“很少有哪个名词像‘农民’，这样给农村社会学家、人类学家和经济学家造成这么多困难。什么是‘农民’？即便在地球上只限于西欧，时间上只限于过去一千年内，这一定义仍然是个问题。”[1] 对“农民”一词，诸如德国欣德尔、英国希尔顿等著名学者以及荷兰《乡村社会学》、英国的《农民研究杂志》、美国的《农民研究》等刊物都试图给农民一词找到大家认可的定义，因此经过了很长时间的争议，这创造了西方学术界“农民学辉煌的十年”。在这些观点中，美国人类学家沃尔夫的观点颇有见地，认为：“农民的主要追求在于为维持生计，并在一个社会关系的狭隘等级系列中维持其社会身份。因此，农民

[1] 葛志华. WTO与当代农民［M］. 南京：江苏人民出版社，2002.

不像那些专门为满足市场而生产，并在广泛的社会网络中置身可竞争之中的耕作者。”[1]

通常情况下，我国传统农民具有以下两方面特征。

一方面，从生产方式来看，传统农民的农业生产工具简单、落后，生产的目的，是为了满足自己或家庭的生存需要，农业生产活动也是小规模的，而且其生产方式以土地和其他生产资料的分散为条件。马克思指出，“传统农民既排斥生产资料的集聚，也排斥协作，排斥同一生产过程内部的分工，排斥社会对自然的统治和支配，排斥社会生产力的自由发展。它只同生产和社会的狭隘的自然产生的界限相容。”[2]落后的生产力使农民的生活长期在温饱线挣扎，农民之间经济联系很少发生。

另一方面，从社会地位来看，农民与城市居民的不平等仍然存在。正如孟德斯鸠所说：“没有选择是整个农民生活的特点。”恩格斯认为“自给自足的小生产者”的主要特征是：“小块土地的所有者、经营者；使用的是落后工具和传统技术，与机器、先进的农业技术无缘；生产是自给性的，主要靠与自然交换、而不是靠人与人之间的社会联系；生活水平是低下的。”与此同时，“农民”一词还代表着一种出身偏见，甚至与“没文化”“思想狭隘”“目光短浅”等词语并列。“农民多、农民穷、农民弱”“封闭、落后、愚昧”在一定程度上就是传统农民的真实写照。在这样的背景下，传统农民是一种个人身份，是属于社会底层的群众。长期以来农民没有被人们当一种职业来看待，连从事农业生产的农民也认为自己没有职业。正如法国著名学者孟德拉斯在《农民的终结》所述：“在农村，人们生下来就是农民，并且一直是农民。他们不是变为农民的，如果人们是农民，就没有职业”；“当人们询问农业劳动者对自己孩子的打算和要求时，得到的是一些包含矛盾的回答。几乎所有的农业劳动者都一致认为，最好是有一份职业，而不要待在农村里种田。”[3]现代社会的发展要求人的自由全面发展，“农民”发展的不自由，是要求国家大力发展新型职业农民的必然趋势。

2. 高素质农民——新型职业农民应时而生

高素质农民在当代就是指“新型职业农民”。所以在了解了传统农民的窘境之后，国家要发展的是新型职业农民。新型职业农民是以农业为

[1] 葛志华．WTO与当代农民［M］．南京：江苏人民出版社，2002．

[2] 马克思，恩格斯．马克思恩格斯选集（第四卷）［M］．北京：人民出版社，1972．

[3] 孟德拉斯．农民的终结［M］．北京：中国社会科学出版社，2010．

职业、具有相应的专业技能、收入主要来自农业生产经营并达到相当水平的现代农业从业者。传统农民与新型农民的区别在于，前者是一种被动烙上的“身份”，后者是一种主动选择的“职业”。科技不断进步的现代社会中，农业现代化的进程不断推进，必将催生新型职业农民，促进广大农民的自由全面发展。它不仅有国家大政方针的支持，更有专家学者的引导解读。

2017年，农业部发布《“十三五”全国新型职业农民培育发展规划》提出发展目标：“到2020年全国新型职业农民总量超过2000万人。以提高农民、扶持农民、富裕农民为方向，以吸引年轻人务农、培养职业农民为重点，通过培训提高一批、吸引发展一批、培育储备一批，加快构建一支有文化、懂技术、善经营、会管理的新型职业农民队伍。”

除了国家大政方针的支持，还有专家学者的解读引导。在已有的文献中，国内学者对新型农民的定义基本上都集中于对中央文件的解读。2005年，十六届五中全会提出“培养有文化、懂技术、会经营的新型农民”之后，学者们围绕新农村建设指出，新型农民是指有文化、懂技术、会经营的农民（何炳生、陈华宁，2006）。也有学者指出新型农民“不仅是指有思想、有文化、懂技术、会经营、讲文明、守法制的新一代社会主义农村建设者，还应该是具有新观念、新素质、新能力、新品质的现代劳动者”（杨立新、冯尚，2007），这些解读都只是从农民素质层面理解新型农民，而没有从职业特征的角度来定义新型农民。2012年，中央一号文件提出“大力培育新型职业农民”，之后，学者又从职业角度进行了诠释。胡小平（2014）指出，从职业角度看，新型职业农民必须专职从事农业生产经营，具有较高的科技文化素质、专业生产技能、市场竞争意识及经营管理能力。这使农民成了一种职业，而非身份象征，把新型职业农民与兼职农民区分开来，也把新型职业农民与以落后生产方式从事农业生产的传统农民区分开来。近年来，随着农业现代化和生态化的发展，学者对“新型职业农民”赋予了新的内涵（宋新乐、朱启臻，2016），指出现代农业的发展理念赋予了农民新的使命与责任，新型职业农民还应具有职业精神，包括诚实守信、爱农敬业、责任与奉献精神。

新型职业农民是随着社会环境变化不断演化的，具有鲜明的时代特征。新型职业农民强调的是一种职业，作为一种职业必须具有职业道德。职业道德是新型职业农民的首要素质，是未来农业发展和时代赋予新型职业农民的新特征。职业道德素养包括农民的职业责任感、使命感与诚信精神，在农业领域就业，就要爱农、敬农，忠诚、奉献，既要对农业生态环境负责，也要对农产品质量负责，对消费者负责。

新型职业农民是在一系列政策推动下，随着经济社会发展进行演化的，是在特定的时代背景下提出的，其内涵经历了一个动态的演化过程，由“新型农民”到“新型职业农民”，由“培养”到“培育”的演变。它标志着我国农民开始由身份型向职业型转变。它区别于传统农民按户籍划分的世袭身份，这一定义使新型职业农民从社会学概念转为经济学意义上的概念。从经济学意义上讲，新型职业农民是理性经理人，作为现代农业的经营主体和市场主体，追求农业生产经营利润最大化。

综合学者们的研究成果，可以看到新型职业农民是在农业现代化的背景下，具有从事现代农业生产活动所需的文化素质、生产技能、科技和职业道德素养，并自愿选择在农业领域就业，以农业生产经营作为主要收入来源的劳动者群体。根据在农业领域从事工作分工不同，分为生产技能型职业农民、经营管理型农民和社会服务型农民。

3. 新型职业农民契合现代生态农业需要

新型职业农民作为一种职业，没有脱离农业生产，但与传统农民或新型农民截然不同。第一是身份与职业不同。传统农民即“农村人”，主要指长期居住在农村，从事农业劳动，收入少，文化素质低，代表一种身份和地位，属社会学范畴，强调的是一种社会身份和等级地位。“新型农民”是指有文化、懂技术、会经营的农民，其实质与传统农民一样，仍属于社会学范畴，也代表一种身份和地位，与传统农民不同之处是，它代表的是高素质的农民。第二是所处环境和时代不同。传统农民是计划经济时代，“城乡二元”户籍制度背景下形成的，农民指“具有农村户口的居民”；经济上，农民指长期从事农业生产的劳动者；文化上，常常指生活在农村的憨厚、老实、勤劳、朴素但科技文化水平不高的劳动群体。“新型农民”是在新农村建设的大背景下提出的，农民科学文化素质有所提高，但仍然受户籍制度束缚。因此，这是传统农民的继承和发展。第三是理念不同。传统农民生产理念满足自给自足；新型职业农民是理性经理人，作为现代农业的经营主体和市场主体，追求农业生产经营利润最大化。

新型职业农民是契合现代生态农业，符合生态文明建设、符合生态农业建设的新型农业人才。新型职业农民是一个新的名词，也是一种新的代号，是指在农业产业结构调整过程中，农村经济快速发展态势下，出现的具有高素质（包括知识、科技、经营管理、法律、思想道德、身体）的从事农业或相关产业的职业者，可见新型职业农民在社会地位上有了较大的提升。有关新型职业农民在农村人口结构中的状况，如图2-1所示。

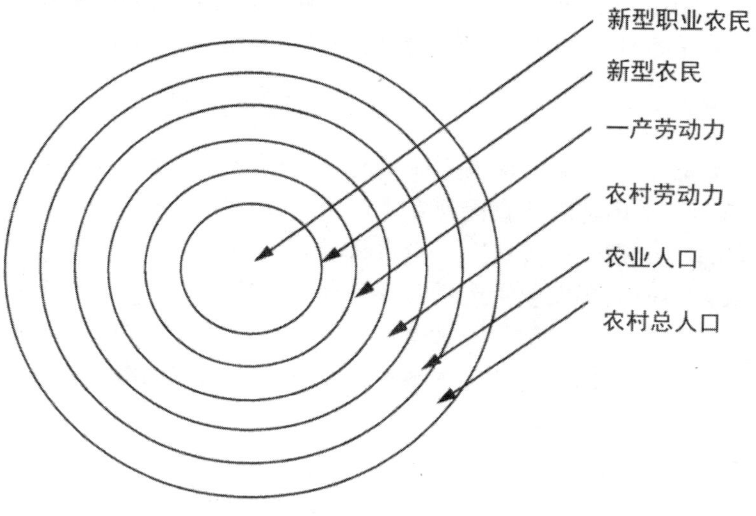

图2-1　农村人口结构状况

因此，新型职业农民内涵中的新意包括两方面含义。一方面从“新型”角度，要满足农业现代化、生态化、网络化的背景下的新要求，一是爱农业，有文化、懂技术；二是会经营、善管理，具有市场意识，能够抵御风险；三是具有合作和创新意识。这是在现代社会行业分工和交叉对农民的新要求。另一方面从“职业”角度具备经营现代生态农业所必要的职业素养，包括职业责任感、使命感与诚信精神。

（二）新型职业农民的高素质特征

高素质农民在当下就是指新型职业农民，他们的自身所持有的特征就是被时代需要的重要原因，是现代生态农业所呼唤的农业人才所应具有的本领。新型职业农民不仅有知识、有文化、懂科技、会经营、晓政策、有组织、守法纪，还有良好的职业道德，对生态环境和现代社会有高度的社会责任感；同时，扮演农业生产的投资者、农业科技的应用者、农业经营的决策者、农业风险的承担者等多种角色。新型职业农民具有职业化和多样化、市场化和商业化、开放性和限定性、自主性和独立性等群体共性特征。

1. 职业化和多样化

新型职业农民是专业化的社会化大生产中的工作人员，进入了现代生态农业产业体系，表现出职业化的特征。作为现代农业产业体系的人力资源支撑，新型职业农民从事的职业也不断分化，涵盖了农业各个环节，而不仅局限于农业生产环节，从而表现出多样化的特征。新型职业农民的职业化与工作的多样化特征，在中外都有表现可以证明。

2. 市场化和商业化

新型职业农民作为市场的主体，在完全的市场经济环境中从事农业生产经营活动，市场是职业农民存在发展的基础。因此，新型职业农民具有市场化特征。区别于传统农民自给自足的小农经济生态，新型职业农民通过销售农产品或从事农业生产经营服务获得稳定收入，并且他们从事农业的目的是为了出售产品和服务来获取利润，而不是为了满足自身需求。因此，这一群体的总体平均收益水平不低于社会平均利润水平，具有极大的商业化特征。

3. 开放性和限定性

新型职业农民的开放性表现为新型职业农民虽然有一定的各方面要求的限定性，但是来源可以是开放的、多元的。既可以是本地人员，也可以是外地农民、城镇居民；既可以是目前正在土地上耕种的农民、返乡农民工、农村基层干部，也可以是一些致力于农业的城市居民、退伍军人、初高中毕业生，甚至可以是农村专科和本科毕业生等。

新型职业农民的限定性表现为两方面：一方面是指职业农民从事的职业，是农业，而非其他产业。另一方面表现为现代农业的高产、优质、高效、生态、安全的特点，对从业人员观念意识、知识能力、素质等方面的综合性、复合性的较高要求。在现代农业科技进步和组织创新使新型职业农民更加专业，新型职业农民与其他职业一样，从事这项职业需要具备一定的文化知识和执业资格。

4. 自主性和独立性

新型职业农民的自主性表现为这一群体在从业过程中，具有完全的自主选择性，有自主选择职业和劳动方式、自主支配劳动对象和劳动成果、自主选择进入市场网络参与市场竞争的权利。新型职业农民的独立性表现为有独立的社会地位和职业特征，有平等的发展机会，有获得更多社会资源的能力和与其他阶层共享所创造成果的权利。

二、农民培育的必要性

农民培育的必要性是在现代生态农业的发展过程中逐渐显现出来的。

农民培育是为农业发展服务的，当代农业的状态发展到了生态农业阶段，支撑其发展的农业人才就是新型职业农民。所以农民培育就是新型职业农民的培育，这是由新型职业农民的本质决定的，是由不断发展的社会和农业生产生活决定的。在全社会都处于终身学习环境中的时代，农民当然也不能例外，他们也需要获取知识，得到知识技能等的培育。

（一）农民培育是新型职业农民的本质要求

新型职业农民是伴随我国新型城镇化、农业现代化、新型工业化和信息化推进而催生的新型职业群体。新型职业农民是农村先进生产力和先进文化的代表，具有许多不同的本质。

1. 自主性操盘人

新型职业农民经营农业的方式就是充分利用市场机制和规则来赢得农业生产的报酬，实现利润最大化，因此职业农民就是农业产业的自主的操盘人。美国人类学家沃尔夫认为，“传统农民主要追求维持生计，他们是身份有别于市民的群体；而职业农民则充分地进入市场，将农业作为产业，并利用一切可能的选择使报酬极大化。传统农民是社会学意义上的身份农民，它强调的是一种等级秩序；而职业农民更类似于经济学意义上的理性人，它是农业产业化乃至现代化过程中出现的一种新的职业类型。”[1]新型职业农民的这一“自主操盘人”的特点，也正好阐释了我国“农民荒”问题产生的根源，同时，也说明新型职业农民是必须通过自己的劳动才能够获得经济效益，甚至超过转移农民工的劳动收益，缩小城乡劳动力收益差距。所以，要解除缺乏“农业接班人”的“农民荒”危机，就必须充分肯定职业农民自主操盘人的角色特性，遵循职业农民的作用机制。如此，当职业农民务农收益接近或者超过转移农业人员进城打工的收益时，“农民荒”难题的化解就将是水到渠成。当然，这种职业农民自主操盘的作用机制，需要与人们不同层次的务农意愿结合起来进行研究与分析。

2. 现代化从业人

生态农业的重要标志是采用先进的生产技术、科学的经营和管理方法，强调产前、产中和产后服务的有效组织，从而形成生态完整的产业

[1]许竹青，刘冬梅．发达国家是怎样培养职业农民的［J］．农村、农业、农民，2014（02）．

链，促成可持续发展的农业。毫无疑问，这样的现代生态化生产方式要求农民必须是“有文化、懂技术、会经营”，而这客观上要求农业从业者职业化，其中人的现代化就是要实现农民本身的职业化，以现代化从业人的身份立足于生态农业的发展中。新型职业农民从本质上讲，是要把务农作为终身职业，并具有从事该职业所需的素质、知识、技能和经验等一系列条件，而且充分和市场对接，进行规模化和产业化经营的专业现代化从业人员。

3. 有担当的社会人

关于职业农民的培育，人们往往更多的是从“操盘人”角度出发，设置专业、设计课程体系、安排教学内容，强调提高其从事现代农业生产的经营能力、管理能力等，以期促进这些新型职业农民能够实现收益最大化。然而，无论是从职业农民培养目标来看，抑或是从我国未来农业发展需要来看，都必须注重新型职业农民“社会人”角色的培养与塑造。一方面，根据教育部《中等职业学校新型职业农民培养方案试行》的规定：要以培养具有高度社会责任感和职业道德、良好科学文化素养和自我发展能力、较强农业生产经营和社会化服务能力，适应现代农业发展和新农村建设要求的新型职业农民为目标。“社会责任感”“职业道德”等都含有将其培养成具有社会担当，对社会主义新农村建设有贡献的人，这是新型职业农民作为社会成员应尽的义务。另一方面，根据我国农业、农村发展的现实状态来看，农业生态破坏严重，急需保护治理。在农村，过度追求农业生产的经济效益，往往是以牺牲环境等为代价，农药、化肥、农膜的滥用，造成了环境破坏和食品安全等严重后遗症，成为制约农业可持续发展的重要因素。所以，我们所培育的职业农民必须是高素质的“社会人”，是“以能务农、以德务农、以法务农”的负责任的新型职业农民。这也是整个社会对新型职业农民给予的厚望，而且国家在这个方面给予了极大的政策支持。

（二）农民培育是理论联系实践接轨世界的要求

新型职业农民的培育是我国农业可持续发展和生态农业建设的关键，在新型职业农民培育方面全球范围内不仅效果显著，还形成或应用了一定的理论进行培育模式的探索。因此，有一些国际上通用的理论基础供我们借鉴。下面就系统理论、人力资本理论、区域比较优势理论、波特“钻石”模型理论、社会阶层理论来进行探究，进一步阐明农民培育的必要性。

1. 系统理论下的农民培育

系统理论属于钱学森院士倡立的系统科学，是研究系统的一般模式，是关于结构和规律的学问。它研究各种系统的共同特征，用系统理论知识定量地描述其功能，寻求并确立适用于一切系统的原理、原则和模型。掌握系统思维方法，能够从整体上系统地思考和分析问题。

系统理论的核心思想是系统的整体观念。按照系统论的观点，新型职业农民的培育本质就是人们在充分认识客观环境和农民成长规律的基础上，采用合理的社会、政治、经济手段和措施。对农民成长过程及环境进行调控，从而促进农民朝着适应现代化农业发展的方向快速成长，成为有文化、懂技术、会经营、善管理的新型职业农民，努力实现自身的现代化。因此新型职业农民的培育是一项全新的系统工程，涉及多领域、多部门、多层次、多环节、多渠道、多类型等培育构件，要求农业、财政、国土、供电和金融等部门，多领域、全方位予以配合。

系统论的任务不仅在于认识系统的特点和规律，更重要的还在于利用这些特点和规律去控制、管理、改造或创造系统，使它的存在与发展合乎人的目的需要。也就是说，新型职业农民的培育在系统理论的指导下调整培育系统结构与各要素关系，使培育系统达到优化，实现目标。

2. 人力资本理论下的农民培育

20世纪50年代，西奥多·舒尔茨在《人力资本投资》一书中把经济增长的“余值”归功于人力资本投资。在《穷人的经济学》中，他特别强调“改进穷人福利的关键因素不是空间、能源和耕地，而是提高人口质量，提高知识水平”，突出了人力资本在经济发展中的决定性作用。在《制度和不断增长的人的经济价值》一文中，他扩展了对人力资本所做过的纯经济分析，把人力资本积累、人的经济价值上升与制度联系起来。他明确指出，应把各种资源配置制度、产生人力资本的制度（教育和培训）、技术创新制度以及自由竞争制度等都当作经济的内生变量，而这些变量会影响经济增长，同时也随经济增长的变化而变化。西奥多·舒尔茨认为，人力资源素质的改善要经过正规教育、成人教育、在职教育、健康与营养的增进。特别是对于发展中国家，他认为，一是人力资本为发展中国家较快地改造传统农业，提高农业劳动生产率创造了条件；二是人力资本使发展中国家农业剩余劳动力能顺利向非农业转移，有利于消除二元经济特征；三是人力资本的投资使人的素质提高，有利于发展中国家降低对自然资源的消耗。

美国经济学家卢卡斯于1988年在《论经济发展机制》一文中，建立了人力资本内生化经济增长模型，其模型由两个模式组成：一个是“两时期模式”，该模式将资本区分为物质资本和人力资本两种形式，将劳动划分为“原始劳动”和“专业化人力资本”，认为专业化的人力资本才是促进经济增长的真正动力。由于该模式中的人力资本完全是在生产过程以外形成的，不能代表人力资本获得的全部情况，因此，卢卡斯又提出了建立在“实践中学习”思想上的第二个人力资本模式“两商品模式”。该模式认为人力资本的获得有两种途径，通过学校教育和通过实践中学习，专业化的人力资本主要是通过“干中学”获得的。他进一步指出产出增长的决定性因素是生产某一种商品所需的特殊的或专业化的人力资本，即专业化的劳动技能。卢卡斯强调人力资本的外部效应，这种外部效应对所有生产要素的生产率都有贡献，进而使产出具有递增效益。并认为人力资本是劳动者的技能水平，这种技能水平会提高劳动者自身的生产率。

美国经济学家保罗·罗默构造了一个完整的经济增长模型，其要点是技术、人力资本、物质资本和劳动的函数，技术和人力资本对经济增长都具有决定性的作用。将人力资本定义为对正规教育和在职培训的累积效应的测量。对于研究部门而言，知识具有正的外部性。对于中间产品部门而言，新知识引起分工深化。这两个效应都造成最终产品生产的规模收益递增。保罗·罗默进一步指出，一国经济增长主要取决于它的技术进步、知识积累和人力资本水平。要想取得经济持续、稳定的增长，则必须设法增加这三者的积累。而要获得这三个要素，政府必须在研究和开发方面进行更多的投资，采取鼓励政策，尤其是通过适当的制度机制，使技术创新的私人成本和社会成本一致，为技术创新提供充足的经济刺激。

3. 区域比较优势理论下的农民培育

区域比较优势理论是指一个国家或地区根据比较利益最大化原则，在综合比较各种趋于因素后，充分发挥自身相对特有的条件来促进经济的战略。把比较优势理论迁移到农村职业教育领域就是一个地区应该发挥自身所特有的物质基础、师资力量、社会需求以及政策机遇等条件来发展农村职业教育与培训，从而进行人力资源的开发。基于各个地区在经济发展方面客观存在的区域差异，不同地区具有不同的优势产业，并形成具有一定优势的产业链，这给不同区域职业农民培育模式的构建提供了不同的条件。因此，只有把区域环境资源和要素的比较优势与区域农村职业教育的竞争优势结合起来，通过对内、外部因素进行合理协调和组合以发挥其最大的潜在价值，才能推动不同区域职业农民培育模式的不断完善，才能进一步提高区域农村职业教育的质量，才能为农村建设培养出所需的新型职业农民。

4. 波特“钻石”模型理论下的农民培育

“钻石模型”是由美国哈佛商学院著名的战略管理学家迈克尔·波特提出的。波特的钻石模型用于分析一个国家某种产业为什么会在国际上有较强的竞争力，我们将其迁移至生态农业同样适用。波特认为，“决定一个国家的某种产业竞争力的有四个要素：生产要素（包括人力资源、天然资源、知识资源、资本资源、基础设施）；需求条件（主要是本国市场的需求）；相关产业和支持产业的表现（这些产业和相关上游产业是否有国际竞争力）；企业的战略、结构、竞争对手的表现。”波特认为，这四个要素具有双向作用，形成钻石体系（图2–2）。

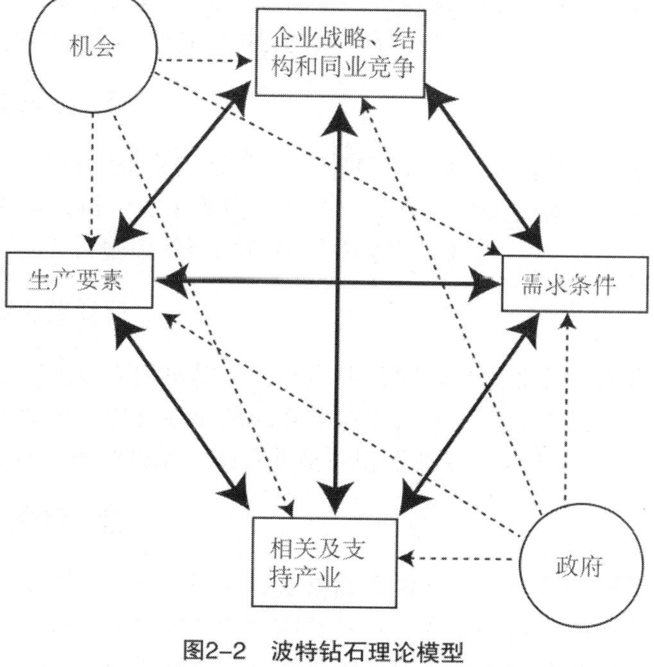

图2–2 波特钻石理论模型

按照波特的钻石理论来分析，新型职业农民是生产要素中的高级生产要素，对获得发展优势有重要作用。高级生产要素需要在人力和资本上大量和持续地投资来进行培育，即国家财政要向内培养新型职业农民来加大投资。只有这样才能发挥其他高级生产要素的优势，获得生态农业的可持续发展，而且对获得竞争优势具有不容置疑的重要性。

5. 社会阶层理论下的农民培育

社会阶层理论包含了社会分层和社会流动两部分。社会分层及由此带来的不平等是社会发展的基本特征，社会流动的动因在于社会分层，体现为人在不同社会阶层和地位间的变动。农民作为我国人数最多的社会阶层群体，在统筹城乡发展的进程中，农业生产专业化、智能化特征开始显现，农民素质也要符合生态农业的发展需要。因此。职业教育与培训应该对“新型职业农民”培育目标进行科学合理化分类，并且确定详细数据的职业农民岗位分类体系和职级标准并实施分类培育。

第三章 现代生态农业视域下新型农民培育现状及存在问题

农村的发展是决定我国经济能否大幅度向前迈进的关键，可以说农村的发展是现阶段经济发展最大的难题，也是现阶段经济发展最需要解决的问题。经济的发展离不开技术的推动，而人才正是技术进步的基本动力，人才对于经济发展的重要性可见一斑。随着“新四化”经济战略的提出与实施，我国农村的发展脚步逐渐加快，农村经济发展出现了新的格局。近几年来，城镇化的不断推进，农业人口也开始大面积由农村向城市转移，除了那些外出务农的劳动力之外，农村剩余的人口还在原有的一方土地上进行耕作、收割、加工、售卖等农业活动。这些农业人口也就在当地成为留守的农民群体。

新兴的留守农民群体是我国农村经济发展的关键人群，他们是带动农村本土发展的动力，因此农村的经济发展目标需要这些留守的农民群体来实现。当然，农村的发展不能仅靠这些农民原有的经验与能力，现代化的社会，自然要求经济发展也要符合时代要求。由此可见，新兴的留守农民想要成为新农村建设的主力军，还需要提高自己的能力——现代技术的实践能力。能力的培养体现在方方面面，既有知识理论的学习，也是实践活动的发展，现代设施的操作也是能力的一种体现。

本章将针对新型职业农民培育现有的成果与以往的经验来分析新型农民发展的现状，并通过现阶段存在的问题对新型职业农民的培养教育工作进行指导。

第一节　新型职业农民培育的现状

一、新型职业农民培育的发展背景

2012年中央一号文件首次提出“大力培育新型职业农民”，同年，为了贯彻落实中央一号文件，农业部办公厅印发了《新型职业农民培育试点工作方案》。方案确定100个县（市、区）开展新型职业农民培育试点工作；2015年试点范围增加为4个省、20个市和500个示范县[1]；截至2015年，

[1] 肖菲，王桂丽. 我国新型职业农民培育政策沿革探究［J］. 江苏开放大学学报，2016（2）.

全国新型职业农民培育1272万人。[1] 由此可见，国家对于培养新型职业农民的工作的高度重视。农业经济的发展为农民群体发展带来了契机，新型职业农民作为一种新的农民群体出现，呈现出新时代背景下的农民群体特点。

（一）新型职业农民素质的提高

随着社会的不断发展，全民的素质都得到了一定程度的提升。现代农民的素质也比早先提高了不少。农民素质的提高一方面要归功于素质教育，另一方面就要归功于新型职业农民的培育工作。

兼具了实用性、实践性、科学性的职业教育培训不仅提高了农民经营管理的基本能力，还给予了农民发家致富的信心。农民通过参与培训，可以进行管理学与专业技术的理论学习，在掌握好基础知识后，运用到教育机构组织的实践活动中，甚至可以外出考察进行交流互动式的培训活动。理论与实践相结合的科学教授法，大大提高了农民的农业产生技能，让农民的产经营观念得以转变，从而获得了从事农业生产的信心，提高了发展农家乐、农业采摘园等新型农业经营形式的生产积极性。

可见，新型职业教育与农民素质之间是相互影响的，农民素质的提高有助于新型职业教育的培训实践开展，而职业教育的培训活动也可以提高农民的综合素质。因此，想要继续提高农民的素质就需要深入开展新型职业教育的培训活动。

（二）新型职业农民就业新趋势

就业问题同“三农”问题一样困扰着我国经济的发展，农民的就业问题更是政府高度重视的要点问题。近年来，随着就业政策的逐步落实，农民的就业问题得到了一定的改善：农民就业的方向多了，农民就业的形式丰富了，农民的收入提高了。新型职业农民作为农民群体中的“领头羊”，不仅发挥了自己的技术优势，还打破了农民收入不高的世俗观念，根据相关调查，新型职业农民的收入水平有明显提高。

农民收入水平提高还要归功于农民就业出现了新趋势，农民不再只抱着一片土地进行粮食作物的种植与水产品的养殖，农村旅游业已经成为农村经济发展的重头产业，农民可以通过参与旅游业的相关工作，丰富自己的收入来源。除此之外，家庭农场、现代化水果蔬菜的生产运输加工产业在新农村区域内迅速发展，给予农民新的就业途径。随着新技

[1] 吕莉敏. 新型职业农民培育的政策变迁与趋势［J］. 职教论坛，2017（16）.

术在农村地区的逐步引进，农业技术员成了农村中年轻群体中的热门岗位，农村电商也有了发展的“土壤”，甚至与城市形成联动，形成资源方面的互补。

这些新型产业与行业岗位为农民提供了更为多样的就业选择。而想要在这些新兴领域发展，就需要技术与能力的支持，因此，新型农民的培育工作就显得格外重要，它不仅是新农村产业的需求，也是农民追求自我发展的需求。

（三）新型职业农民生态意识的增强

我国近年来一直坚持可持续的发展道路，农村的经济建设也要走生态和谐的发展道路。在媒体舆论的引导、基层政府的宣传、国家政策的要求等多方面影响下，农民的生态意识提高了，主要体现在两个方面：农药、化肥使用率降低；积极采用循环生态农业新模式。

农药与化肥虽然可以有效地提高农作物的生产效率，但会破坏土壤，不利于生态农村建设。如果农民具有生态意识，那么他们自然也就认识到了农药化肥对生态环境的影响，自然会寻求新的高效环保的手段去提高农作物的产量。新型职业农民培育可以告诉农民农药、化肥之类的化学产品对农作物以及周边环境的影响，让农民意识到农药化肥的危害，帮助农民增强生态意识。

开展新型职业培育工作有助于推广循环生态农业模式，循环经济是未来我国经济发展的大趋势，新型职业农民群体更应该跟随时代的脚步，探索循环生态农业新模式，把循环经济、生态经济、农村建设相结合，构建可持续性和个性化的农业生产发展模式。这种新型的经济模式需要从理论角度出发，并在农业实践中逐步完善，因此，新型职业农民教育就是帮助农民认知掌握循环生态农业的相关知识的一个课堂。

农民生态意识的提高，会对生态环保的理论知识与实践活动有更为深入的教育需求；反之，新型职业农民教育也可以进一步提高农民的生态意识，推动新农村的可持续经济建设。

二、新型职业农民培育的相关政策

（一）新型职业农民培育的中央政策

2018年2月4日中央发布了有关农业一号文件《中共中央国务院关于实施乡村振兴战略的意见》，文件指出：“实施乡村振兴战略，必须破解人才瓶颈制约。要把人力资本开发放在首要位置，畅通智力、技术、管理下乡通道，造就更多乡土人才，聚天下人才而用之。”因此，要大力培育新型职业农民，全面建立职业农民制度，完善配套政策体系，实施新型职业农民培育工程，支持新型职业农民通过弹性学制参加中高等农业职业教育，创新培训机制，支持农民专业合作社、专业技术协会、龙头企业等主体承担培训，引导符合条件的新型职业农民参加城镇职工养老、医疗等社会保障制度，鼓励各地开展职业农民职称评定试点。

（二）新型职业农民培育的地方政策

全国各省市都以中央一号文件为基础，结合当地农村经济发展的现状，制订了具体地域特色的新型职业农民的培育政策。例如，陕西省近年来高度重视新型职业农民的培育工作，下发了有关职业农民的教育培训工作的相关安排，具体如下。

第一，确定教育培训主要由农业行政部门认定的职业农民培训基地、实训基地组织实施，培训基地和实训基地实行动态管理。

第二，培训基地以农业广播电视学校为主体，以中高等农业职业院（校）、农技推广服务机构、农业科研院所为补充，组织开展理论培训。实训基地以农业龙头企业、省级现代农业园区和各级现代农业科技实训基地为主，组织学员实践操作。

第三，培训基地采取空中课堂、固定课堂、流动课堂、田间课堂等多种培训方式，通过集中理论培训、答疑指导和网络视频教学、自学等方式，对培育对象进行至少一个生产（服务）周期系统培训，基本达到与初、中、高级职业农民相对应的学历标准，并具备所需的专业技能。

第四，培训突出课程的可选择性和综合性，实行弹性学制和学分制，采用半农半读、农学交替等方式分阶段完成学业。学时与学分按照10个学时折合1个学分计算，学员具备的相应农业生产经营技能、学习培训经历、职业资格、表彰奖励等经认定可以折合一定的学分。学员累积修满各等级要求的学分可以提前申请结业，获得相应级别综合素质培训结业证书（相当于同类农科中专、农科大专、农科本科学历）。

第五，凡获得结业证书且得到指导教师评价合格的学员，在培训结束后，由当地新型职业农民培育工作领导小组采取操作为主、理论为辅的形式，进行专业技能考试考核，通过者颁发相应级别专业技能证书。

第六，鼓励培育对象参加职业技能鉴定或申报农民技术职称。

第二节　新型职业农民培育取得的成果

从新型职业农民的培育工作开始到现在，一些具体切实的政策也已经落实到位，从中我们可以看到在政策的积极引导下，新型职业农民的培育工作获得了可喜的成果。

一、新型职业农民培育的典型案例

近年来，我国各大省份地区都在职业农民培育工作方面做了大量的尝试，推出了众多创业从业优惠政策。于是，出现了一些可供借鉴的农民培育工作的案例。

河南省夏邑县先对具有农村户口的农民进行信息梳理，将专业大户、家庭农场主、农民合作社带头人、回乡务农创业的农民工、退役军人和农村初高中毕业生从整个新型农民群体中划分出来，把这些年轻的农民设定为职业教育的重点培养对象。迄今为止，已有近百名农民经过培训获得了职业教育机构的认证与新型职业农民证书。为了更好地鼓励支持这些农业建设人才，夏邑县对已经获得新型职业证书的农民进行“反馈”工作，免费教授他们最先进的职业操作技术并且在政策和资金方面给予他们最大程度的支持。

山东省招远市在制订职业农民培育方案时，意识到满足农民的实际需求才是培育工作的目的，在确定培育方式、培育内容、管理手段时把农民的具体情况充分考虑在内，因此市政府制定的职业教育培养计划以及政策措施得到了当地农民的认可。该市也会在农民通过职业教育培育工作的考核之后，为农民颁发新型职业农民资格证书，并及时出台了扶持新型职业农民的暂行政策，从经费、办理执照和减免所得税等多个方面鼓励农民参与职业教育培训以及加入新农村建设的大军队伍中。

山东省淄博市则是全面整合农业、劳动和教育等不同部门的教育培训资源，为了有效地把控职业教育培育工作的各个环节，政府在培训对象、培训时间、培训内容、培训程序、培训制度、检查验收以及培训资料的制作等方面提前做好了调查预估工作并且出台了严格的规定，确保能够及时了解培训工作的落实情况。

武汉市东西湖区根据农村发展的现状，确定了“扶上马、送一程、长关心、久服务”的农民区域发展的基本原则。在此基础上成立了“东西湖区新型职业农民综合服务中心"，该服务中心将多种功能，如信贷融资、政策咨询、法律援助、证照代办、信息查询、市场策划和商标注册等融为一体，使其成为农民从业的"保护伞"。该区域落实工作的方向集中在了保障农民的基本利益方面，通过解决农民的后顾之忧来促使农民主动加入职业培育实践中。[1]

二、我国新型职业农民培育成果

（一）农民教育的核心工作成功转换为职业农民培育

首先，从政府层面看，各地政府都认识到建设新农村必须高度重视农民人力资源开发，而留守农民素质正是制约我国"新四化"推进的瓶颈。因此，提升留守农民素质，改变农民人力资本积累不足的现状成了各级政府共同的愿望，许多地区都为此采取了积极的措施与行动。

农民自身的发展是新农村建设的基本要求之一，无论是中央政府，还是当地基层政府，都把农民自身的发展教育作为新农村建设的一个关键内容。自我国"新四化"目标确立到现在，其落实会有一定限制，原因就在于留在农村当地发展的农民们的综合素质还不够高，技术的推进和政策的落实都需要综合的能力与素质才能够完成。由此可见，提高当地农民的综合素质是新农村建设的关键环节。

农民的教育问题一定是"三农"建设发展中特别重视的环节，但是以往的农民教育的内容比较综合，主要目的是提高农民的文化素质，因而知识只具有普遍性。随着新型职业农民培育工作的落实，农民教育的主要内容也得到了极大的扩充与发展，其实用性、专业性、针对性、实践性都变强了。"职业"要求我们的农民要有现代技术的使用能力与创新能力，课程的内容更加靠近农民日常的生产活动，农民也就更有动力去学习专业性的知识。新型职业农民教育不仅教授理论专业知识，还力图通过实践活动，让农民把生涩的专业知识融入农业生产中，熟能生巧，帮助农民提高自身的专业性。

1. 培育实用性人才成为职业教育的最终目标

大部分地区都意识到农业素质对于农村经济发展的重要性，并通过一

[1] 赵艳艳，蒋武生.推动新型职业农民培育的思考与实践[J].农业科技管理，2015（02）.

系列的政策来改善现阶段农民自身能力不高、素质不强的现状。

（1）积极发展农村青年学历教育。

现在的农村建设需要专业领域的人才（蓝领），需要从高中就开始进行职业教育，不仅能够解决就业问题，还可以为农村输送高素质的技术人才。

各地政府都不约而同地要求从当地义务教育院校应届、往届的高中毕业生中招收经过基本义务教育并有向职业领域发展意向的学生，并积极委托有关农林院校实施三年制的大专学历定向培养，通过较长时间的理论与实践培训，这些学生在毕业后将被直接调配到村、合作农场和农业园区生产一线岗位工作，也就是这些学生将成为未来合作农场负责人和村后备干部。

（2）推行农村中青年农业继续教育培训。

根据相关文件的要求，各地区每年要选派一定数量的具有大中专学历的本村非农专业中青年或是村级农技员，要求这些人参加有关高职院校组织的短期脱产培训。这部分人拥有一定的文化基础或是拥有部分技术实操能力，他们只是缺少深入学习专业知识的机会。通过农业继续教育，可以提高知识群体对了农村职业化教育的理解与认知，并且提高自身专业的实践能力与素质。

（3）新型职业农民技术技能培训。

每年遴选一定数量的具有农业生产经营技术基础和文化水平的本地中青年农民，这些人一定要有投身现代农业产业的志向。这一点主要是为了扩大人才的范围，专业性的人才不应该仅仅是年龄尚小的学生，还可以是经验丰富的生产者。这些人经过了大量的农业生产实践，对于一些问题有自己独特的理解，而且理论融入实践的速度也会很快。新型职业农民技术技能培训就是让这部分人参加专业农民教育培训中心举办的专业技术技能培训，这样不仅能够增加种养大户的实际数量，提高家庭农场主在当地生产活动中的重要地位，还能促进当地以及各类经济合作组织等农业经营主体的生产活动，不断提高当地农民的经营与管理农业的综合能力。

2. 形式多样的培训活动成为职业教育的具体内容

新型职业农民的培育工作不仅要依靠政府政策的积极引导，还要依赖于职业高等院校以及社会教育中心这些教育院校的农民教育工作的落实与开展。近些年来，职业高等院校以及社会教育中心都担负起了新型职业农民培育的重任，通过会议的研讨分析，社会实践的探索，积极拓展了自身的教育功能，开展形式多样的农民职业培训活动。

这些职业培训活动的主要目标表现为：提高农民职业技能，促进农村劳动力向城镇转移，提高农民从事非农产业的职业技能，提升农民科技文化综合素质，以及培养培训新型职业农民等。

表3-1为各类职业教育培训机构在农民教育培训中担当的主要任务。

表3-1　职业教育培训机构在农民教育培训中担当的主要任务

选项	小计/人	比例/%
扫除农民文盲	75	26.22
提高农民农业职业技能	212	74.13
提高农民从事非农产业的职业技能	168	58.74
促进农村劳动力向城镇转移	180	62.94
提升农民科技文化综合素质	165	57.69
培养培训新型职业农民	168	58.74
完成政府及其职能部门下达的培训任务	157	54.9
其他	35	12.24
（空）	8	2.8
本题有效填写人次	286	

为了扩大农民职业教育的覆盖范围，各类职业教育培训机构还结合不同人群的实际能力与特点，例如有针对性地对不同人群进行多种技能的培训，如留守农民、失地农民、新生代农民、返乡农民、回乡创业大学生、退伍军人等。表3-2为各类职业教育培训机构培训对象的分类。

表3-2　各类职业教育培训机构的培训对象

选项	小计/人	比例/%
留守农民	193	67.48
失地农民	137	47.9
新生代农民工	147	51.4
返乡农民	157	54.9
老年农民	105	36.71

续表

选项	小计/人	比例/%
回乡就业、创业的大学生	110	38.76
退伍军人	64	22.38
其他	37	12.94
（空）	13	4.55
本题有效填写人次	286	

为了提高培训内容的层次性和丰富性，各类高校将培训的内容进行了扩充，如实用技术、文化知识、管理知识、综合运用、学历教育等。表3-3为各类职业教育机构提供的培训内容。

表3-3　各类职业教育机构提供的培训内容

选项	小计/人	比例/%
实用技术培训	767	71.68
文化知识培训	398	37.2
管理知识培训	392	36.64
综合培训	377	35.23
学历教育	146	13.64
其他	107	10
（空）	54	5.05
本题有效填写人次	1070	

通过以上表格数据，我们看到了各类教育机构对于新型职业农民培育工作的“用心”程度。它们为当地农民职业素养的培养、专业技术的提高做好了理论层面的准备，为更多的群体提供了接受更为专业的教育学习机会。

（二）师资队伍的不断壮大提升了农民人力资本

农民职业教育培训的主体虽然是农民本身，但是教授的对象也是职业教育发展的关键。师资力量是决定教育质量的重要因素。近些年来，随着政府相关政策的颁布与落实，越来越多的教师走向农村，成为农民职业教育培训教师队伍中的一员。可以说教师队伍的不断壮大，留守农民人力资本也就得到了提升与发展。

1. 职业教育的迫切性使教师自发加入师资队伍

师资队伍壮大的原因不仅是各地政府对农村职业教育培训，尤其是社区教育越来越重视，而且还有教师自身对于农民职业教育的认可，他们自己也看到了职业教育对新农村发展的重要性及迫切性。这种情况下，越来越多的年轻教师愿意从事农民职业教育活动，促使农民职业教育培训的师资队伍的数量得以大幅度增加，师资的结构也可以得到进一步的优化升级。

2. 师资队伍的建立尚有发展空间

为了能够更好地了解农民职业教育培训的师资情况，课堂小组对教育机构以及从事农民职业教育的教师开展了问卷调查。从调查问卷的数据来看，超过半数的职业教育培训机构拥有自己的专职教师，同时，专兼职教师队伍结构也渐趋合理。但是，农民职业教育的师资队伍建设的情况还有需要改善的地方，那就是不同区域内农民职业教育教师的数量有明显的差异化，如表3-4为农民职业教育培训机构兼职教师队伍情况。从表格的数据中，我们可以看到相关农民培训机构兼职教师占教师队伍总数的比例在21%～50%的占22.73%。与此同时，兼职教师占教师总数的比例超过90%的培训机构也达到了11.89%，超过70%的更是达到了28.32%。这些数据直接反映了少数区域的职业教育培训机构所拥有专职教师数量严重不足。由此可见，农民职业教育的师资队伍建设还有很大的完善进步空间。

表3-4　农民职业教育培训机构兼职教师队伍情况

选项	小计/人	比例/%
10%以下	37	12.94
11%～20%	38	13.29
21%～30%	27	9.44
31%～50%	38	13.29
51%～70%	45	15.73

续表

选项	小计/人	比例/%
71%～90%	47	16.43
91%～100%	34	11.89
（空）	20	6.99
本题有效填写人次	286	

（三）社区教育中心得到农民认可

随着农民职业教育的不断发展，各类职业教育机构都受到了全社会的关注，尤其是在职业教育机构开展了各项推动农民职业教育的培训活动后，其社会关注度、社会地位都得到了一定程度的提升。

1. 各类职业教育机构的社会认可度不同

职业院校、成人教育中心、社区教育中心和一些涉农企业都在政策的引导以及社会发展的大背景下，陆续开展了农民职业教育培训的实践活动。某镇社区教育中心就把队伍、阵地、组织作为实践发展的三个基础，并把强堡垒、壮筋骨、主阵地、信息化以及领头雁作为五大职业教育的教学步骤，通过理论实践扎实推进社区教育中心高效、有效的发展。

然而，从目前情况来看，农民对各类培训机构功能发挥的评价与人们预估的或者所期望发挥的作用、扮演的角色存在较大反差。

虽然职业院校作为最正规的职业教育机构，其专业度更高，理应受到大部分农民的支持与认可。但从一些实践数据来看，农民还是更喜欢社区教育中心这种比较基层、扎根农村的职业教育机构。表3-5为最受农民欢迎的相关部门组织的职业技能培训。从表格中的具体数据，我们可以看出农民对不同职业教育机构的认可度不同，显然，比起职业院校（占比为20%），农民更喜欢社区教育中心，即乡镇成人校（占比为67.85%）。而社会培训机构与乡村自行组织只受到了部分农民群体的关注，它们的占比分别为44.58%和27.48%，都没有超过半数。由此可见，社区教育中心依旧承担着农民职业教育的大部分教学工作。

除了通过对各类职业教育机构进行欢迎度的分析外，我们还可以从管理者角度分析各类职业教育机构的实际教学效果，从而将不同教育机构的社会认可度分析出来。我们对认为作用“十分明显”的职业教育机构进行排序，可以得到以下结果：第一名社区教育中心44.41%、第二名社会培训机构26.22%、第三名行业企业和农村经济组织27.27%、第四名正规职业院校24.13%、第五名科研机构18.53%。这组调查结果与上一组的调查结果并无太大的差异。从上述两项调查结果来看，比起正规的职业高等院校，农民更愿意去社区教育中心进行农民职业教育的学习。

表3-5　最受农民欢迎的各类职业教育机构的职业技能培训

选项	小计/人	比例/%
社会培训机构	477	44.58
乡镇成人校（社区教育中心）	726	67.85
职业院校	214	20
乡村自行组织	294	27.48
其他	58	5.42
（空）	44	4.11
本题有效填写人次	1070	—

这个现象其实和管理者所设想的农民职业教育并不相符。政府希望新型的农民群体，可以通过更为正规的教育途径，利用职业教育的最佳资源进行正规而严格的职业培训。但是农民与一般的青少年不同，他们更愿意相信贴近自己生活，而且在当地具有一定权威性的教育机构去完成农民的职业培训。

2. 社区教育中心认可度高的原因

受到新型农民群体欢迎的社区教育中心不仅在教学的方式上贴近农民生活、教学场所与农民日常生活接近外，还通过内容与形式的开拓创新来激发农民培训的积极性，并积极利用手中仅有的资源深层挖掘自身的办学潜力。上述这些都是社区教育中心的认可度与喜爱度更高的原因。

例如，某城镇就意识到了农民对社区教育中心的高认可，在进行农民职业教育培训工作中，就积极开发社区教育的资源，最大限度地发挥远程教育的实际作用。该社区教育中心对于地区的农民职业教育起到了积极的推动作用，有效进行了多项职业教育活动，如组织留守家属（妇女）参加“网上行”的网络学习活动；组织区域的社区居民参加网络平台上的自主学习。与此同时，社区教育中心还对当地的留守农民进行了电脑操作技能的基础知识与操作培训，让这些农民能够自主利用电脑，上网查询农业的相关资料、了解当下农业发展的信息政策，并且学会通过各种社交平台与全国各地的农民进行知识、经验的分享与交流。通过这种网络信息交流的手段，把农业知识、生产实用技术、生产信息及时传递给需要专业知识与职业技能的农民群体。可见，社区教育中心已经充分发挥了该职业教育机构远程教育的作用。

第三节 新型职业农民培育的模式

新型职业农民的培育模式是各大区域以政策为基础，结合本地区的农民职业教育情况以及农业发展现状，专为农民创建的新型职业教育培育新模式。在具有地域化、实用性以及实践性的培育模式的推动下，新型农民的职业教育逐渐趋向规模化与体系化。

一、不同职业农民培育模式的特征

（一）校企合作

1. 模式概述

新型职业农民的培育不只是政府或是职业教育机构所需要关注的问题，更是全社会上下都应该给予关注的问题，甚至需要资源上的补助。农民的发展关系到农业的进步，从而影响全社会的向前迈进的步伐，可见农民职业教育问题是社会问题。为了推动新型农民职业教育培训工作，众多涉农企业与职业院校分别利用自己手中拥有的资金优势以及教育优势，创建出新时代背景下的校企合作的培训模式，并将这种方式作为农民综合素质提升的重要路径。

校企合作指的是在新型农民培育方面校园与企业联动。这种培育模式以立志从事农业行业的在校学生、务农农村青年以及返乡农民工等年轻的农民群体为主要培育对象，教育机构与企业一起制定农业人才培养目标以及确切的培养方案。在教学理论内容方面，采取多学科交叉的方式，促使农民全面发展。在教学实践方面，双方合作建设新型职业农民创新创业实践实训和孵化基地，共同推动创业实训和创业孵化。在教育管理方面，采用校企双方共同管理的新模式。从培育对象、教学内容、教学实践、教学管理四个大方面去构建职业农民的培育新模式，使其适应我国现代农业发展需要，为实现农业集约化、适度规模化生产打下坚实的基础。[1]

[1]文承辉，魏亚萍，胡越.新型职业农民培育典型模式研究［J］.中国农业教育，2016.

2. 案例分析

某市的社区教育中心（成人教育校）积极探索多样化的校企合作培育新型职业农民的全新路径。该中心与其他职业教育机构（农场成人校）联合开展了多项农民职业教育培训实践，订单办学就是其中效果最为突出的一项培训实践。该市的职业教育机构通过岗位的职业技能培训，为一些涉农企业储备了一批具有高素质的管理型人才，为这些涉农企业的产业升级做好人才资源的储备工作。

与此同时，该社区教育中心还创办出以“一业一训”“一岗一训”“长短结合”为指导基础的新型办班职业教育培训形式，平均每年会举办多次畜禽水产养殖、高效蔬菜种植、农机等各种技能培训班，根据新型留守农民群体对培训的实际需求以及知识与能力的接受程度，来进行细致具体的培训教育实践，通过这些技能培训班，已经有上千名农工接受了职业技能培训。该社区教育中心还结合了种子产业化建设、现代农业建设以及科技入户工程等多项现代化农业发展工程，作为先进的示范对象。该中心在基层建立了多个育种示范区以及农科教示范基地，每年至少培育出上百个育种的专业示范户、上万余亩高产示范田和近一百多个养殖业（种植业）的高产致富小能手，为实现“农业增产、农场增效、农户增收”提供了有力的人才储备以及技能方面的支持。

（二）精准定位

1. 模式概述

新型职业农民培育模式的建立要基于现实的客观条件以及社会经济发展的背景。不同的经济发展区域都会有当地的社会背景，那么职业教育模式就要以当地的经济发展现状为最基本的出发点，其模式要符合现有的经济条件，保证农民职业教育的一切实践活动能够满足当地的经济需求，并且具有当地的经济特点。

新型农民群体虽然同属于新型“留守农民”，但其也可根据年龄、教育背景以及具体从事的农业工作细分为不同类型的农民群体。不同类型的农民群体具有不同的特征，其对职业教育培训的需求与目的也有所不同。为了更好地满足不同农民群体对技能与专业知识的多样性需求，将职业教育机构的培训内容做好分类设置，这样不同的职业教育机构面对的将是不同特征的农民。农民也可以在适应自己的实际水平且能满足自己对职业教育需求的专业机构进行教育培训。

2. 案例分析

在长期的不断尝试中，各地区都已经初步形成独有当地经济特色以及当地职业农民实际需求的创新型职业农民培育模式。某市就坚持以分类培育为农民职业教育的基础，对有不同培训需求的农民采取有针对性的职业培育方式。其职业培育方式体现在以下几个方面。

（1）对非农大中专毕业生及中青年劳动者进行意愿调查，从中筛选出希望未来从事职业农业领域的人，对这些人采取短期的“学校+基地”新型职业教育的形式，教学的主要内容为农业生产技能的专业化培训。该市希望通过用这种新型的职业教育形式，能够帮助这些人成为新型职业农民，并成为日后新农村建设的发展主力。

（2）对于涉农院校大中专毕业生群体，该市主要是利用政策的积极引导，加强学生在职学历提升，鼓励这些具有一定文化素质的学生成为未来具有国际视野的现代农业领军人物。

（3）该市针对现有的农业经营主体——新型留守农民，根据他们对职业培训的需求，建立日常性的职业教育培训机制，从日常的生产生活入手，不断加强农民的农业科技文化素质教育以及经营管理等方面的教育培训，通过培训实践帮助新型留守农民群体提升生产经营的现代化技能和现代化管理水平。

（4）该市还考虑到未来新型农民群体的数量与质量问题，决定从该市的初高中毕业生中认真挑选一批有素质又有发展潜能的学生作为新型职业农民后备力量的学生。对这些有潜力又有意向的学生采取定向委托的教育方式来进行中长期的职业培养，希望通过从青年群体中能够着重培育出一批高素质、高能力的职业农民以及高素质的复合型职业农民。

（三）鼓励创业

1. 模式概述

近年来，国家大力支持自主创业，为此颁布了众多政策。对于新型农民来说，这是机遇也是挑战。创业需要从业者有扎实的创业理论知识，同时也具备丰富的实践经验。新兴农业的发展需要新型农民群体积极主动走上创业的道路，推动农业产业化升级以及农村地区全面的发展。

该模式具体是指以提升农民创业能力为主要教学目标，从全方位、多角度去设计职业教育的培训内容，通常采用集中培训、实习考察以及创业设计等多种教学方式，一方面培养农民的基本创业技能，另一方面注重综合能力和素质的培育。该模式的最大优势是给予农民群体新的从业方向，并且充分利用农业现有的资源开展农业领域的创业实践，从而推动地方产业的蓬勃发展。此模式的应用范围相对狭小，多适用于整体经济水平中等偏上的省份。

2. 案例分析

某区域的经济发展状况良好，农业人口在省市总人口的比重并不大，农业产值占比相对较小。该区域农业的基本特征是城郊农业在区域农业生产中的占比大。政府为了实现培养新型城市农业高端人才以及推广精准农业的目的，联合了其他部门，如农业、科技、财政等。利用资源政策优势促进农广校的职业教育。将具体的培育工作落实到开展学员遴选、需求调研、培训实施、后续服务和认定管理等多个细致环节。为了保证培育工作的效果，相关部门创建了高水平的师资团队，采用各种现代化的教学手段，如分组研讨、模拟经营、案例分析、观摩体验、考察、总结辅导等，来提高培育工作的质量。通过形式多样的教学方式以及细致到位的管理手段来对新型农民进行全面的培训，如农业创业、农业兴业经营实训、新农村建设、农业技术等。该模式最大的亮点在于不仅关注农民在培育过程中的实际情况，而且还注重了培育工作结束后的反馈工作，如提供跟踪服务、创业咨询和交流平台，并在融资信贷、项目支持、社会保险等方面给予支持优惠。❶

（四）技术引领

1. 模式概述

随着互联网技术的发展，信息共享成为促进社会发展的动力之一。借助互联网传播、处理加工速度快的优势，职业教育模式创建了网络教学平台，不仅促进了职业教育资源的共享，还提高了教学效果与质量。技术引领下构建的培育模式具有系统化、数字化的基本特征。

2. 案例分析

某城镇现有十几个街道办事处、五十多个村委会，总面积有200多平方千米，超过二十万的常住人口，这其中留守农民就将近2万人。全镇针对数

❶文承辉，魏亚萍，胡越.新型职业农民培育典型模式研究［J］.中国农业教育，2016.

量庞大的新型留守农民群体，建立起了以镇社区教育中心为龙头、街道市民学校为主体、村民学校为依托、社区单位和社区成员共同参与的新型社区教育网络体系。利用互联网突出的优势，来创新农民职业教育培训的新模式。

该城镇的教育中心多年来一直不断开发农民人力资源，并且积累了相当丰富的经验，掌握了部分资源。该教育中心就在自身发展的基础上，充分运用了乡镇、街道、村居三级的社区教育网络来促进农民职业教育培训的开展，并把社区教育中心主阵地、农科教结合示范基地阵地作为两个农民职业培训的主要发展阵地，在政府相关的政策、社会资金的使用、师资力量壮大的全力“护航”下，分别与专家院校、区域农技部门、涉农企业、农业示范户进行业务合作，通过现场观摩、专家讲学、网络视频协会交流、个别辅导等多项实际教育活动来丰富区域内农民职业教育实践的内容与形式，并且该项目取得了很好的效果，得到了当地农民以及当地政府的认可。

我们可以把这项出色的职业教育模式概括成以“一大网络、两大阵地、三大保障、四大协作、五大形式”这五点为基本内容的新型职业教育模式。

（1）“一大网络”。

一大网络指的是城镇建立、健全了社区教育三级网络。该镇在早期就成立了社区教育委员会，并要求各街道成立社区教育领导小组，各村委会也要建立社区教育领导小组。从而城镇的社区教育中心、街道市民学校及村民学校也就成为一个教育体系，并且创建了三级社区教育管理及教学网络，在日常生产活动中积极组织开展本社区各类职业教育实践活动。

（2）“两大阵地”。

两大阵地是指建设教学培训主阵地和农业、教学结合示范的基地阵地。该镇创建的培训主阵地建设主要包括了四个阵地建设的主要内容。

①社区教育中心主阵地建设。该城镇的社区教育中心在镇政府的政策与资金的支持下，先后投入上千万元人民币用于建造占地面积与建筑面积都很大的一栋五层综合培训楼以及一栋二层的生活附属楼，在综合培训楼中存放了数量众多、种类齐全的藏书，同时多媒体教室、投影仪、功放音响等现代化教学设施也在该综合培训楼中出现，其巨大的占地面积可以同时容纳上千人参加职业教育的培训活动。

②街道、村（居）阵地建设。在政府教育资源的分配下，该镇在近几年间创办了十几所街道市民学校、近六十所村（居）民学校，均拥有多个专用的职业培训教室，并积极在学校内建设电子阅览室、图书室之类的阅读场所以及棋牌室、活动室之类的娱乐活动场所来丰富前来参与培训人员的日常教学活动。迄今为止，全镇已经建有近百所现代设施齐全的文化、

休闲、健身广场；省级农家书屋近五十家，累计藏书高达15万册；同时在农民日常的活动区域建设了上百所电子阅览室，其中有六百多台新型电脑；还有近百个学习超市出现在城镇的各个角落。

③社区教育中心网站建设。网站建设是两大阵地最具有代表性且实际教学效果最好的一个教学创新方式。该城镇设计的职业教育网站内容非常丰富，涵盖范围也很广泛，具体的内容也多以农村经济发展的理论知识以及农民的技能知识为主。种养技术培训、经验交流、供求信息等基本信息内容都能在该网络上找到，这个网站在创办不久便成为农民学习利用率最高的网络平台。网站点击率甚至达到了百万人次。当地政府看到了这个社区教育中心网站建设的巨大成效，就把该镇社区教育中心确认为省级“数字化学习社区建设联系点”。

④农科教结合示范基地建设。镇社区教育中心为了农民职业教学工作的需要，将早期撤并的学校采取复垦工作，建立起对农户进行技术观摩培训、技术推广和辐射的农科教结合示范基地。迄今为止，该基地扩大的规模达到上百亩。近年来，该示范基地还被评为“省级高水平农科教结合富民示范基地”。示范基地通过对农业新品种、新技术的推广和辐射，直接促进了当地农户的增收增效，可见示范基地的建设对于职业教育培训的工作有着巨大的推动作用。

（3）“三大保障”。

三大保障指的是现有制度、教育经费、师资团队三个方面的保障。该镇为了提高城镇基层干部对农民职业培训工作的重视程度，加强了日常对各级基层干部的考核工作。在具体的考核体系指标中，城镇明确规定了农民职业教育工作的比例占当地农业建设工作比例的8%。

为了保证农民职业教学工作的质量，该镇社区教育中心充分利用手中的教育经费创办了教育管理、教育教学、教育服务的专兼职教师以及农民职业教育培育的志愿者队伍。

该镇社区教育中心多来年都一直拥有较为充沛的教育费用，主要是由于该社区教育中心采取以政府财政支持为主、社会筹措渠道为辅的教学经费筹措模式。经过多年的发展，该社区教育中心每年镇财政拨付社区教育专项经费能够达到全镇人均10元的高标准，远远高于其他地区的平均水平，各项农民职业教育的工作顺利开展都离不开财政主导的经费保障机制的支持与推动。

（4）“四大协作”。

四大协作指的是与专家院校、地方农技部门、涉农企业、农业示范户进行全方位多层次的协作工作。职业教育机构与省级的农科院、省级农业大学等高等职业院校建立起了技术依托关系，并积极聘请农业领域的专家、教授担任农民职业教育工作的技术顾问，并促使这些专业人员成为科研项目的主力军、决策者与指导员。

县农委、镇农技站每年还会委派专业的技术人员进驻示范区发展农业现代技术方面的指导工作。与一些当地的食品加工厂联合建立起覆盖了有机作物的生产、推广、加工以及销售的一条龙服务体系。

该城镇还积极与当地的农业示范户进行合作，邀请这些示范户为当地的农民示范和推广现代农业作物的新品种以及农业耕作生产的新技术，以优带劣，从而辐射、带动周围更多农户参与到职业教育的培训工作中。

（5）“五大形式”。

五大形式指的是现场观摩、专家讲学、网络视频、协会交流以及个别辅导这几大常见的教育形式。

现场观摩就是邀请当地的农民参与各类农业领域现场会议，通过面对面直接教学的方式，来提高职业教学工作的质量。

专家讲学就是邀请当地农业领域的专家开办讲座，这样既利用了专业人员的权威性，也可以运用现代化的教育手段，不断丰富培训过程，通过生动的讲学活动，提高农民对职业教育的兴趣。

网络视频就是利用网络平台开展职业教育的教学工作，这种方式的针对性更强一些，学员们可以各取所需，在网络上寻找自己所需要的农业技能知识，并在课上课下的时间进行自学。

协会交流就是城镇组织各大种养殖和养殖协会与农民进行交流活动，在交流的过程中，专家学者可以及时解答农民现有的技术疑问，并在彼此的交流互动中相互学习，不断促进提高农民的职业素质。

个别辅导就是对一些存在生产活动困惑的农民进行一对一有针对性的辅导工作，也可以在农业新品种、新技术需要推广的时候，相应的工作人员下到农民的家中，对具体的农作物以及新兴的农业生产技术进行入户上门辅导。

由此可见，各个地区开展的农民职业培育工作的具体举措都是不一样的。但是，农民人力资源的开发始终是新型职业农民培育工作开展的基本出发点。

结合一些实际的案例，我们可以看出，若想有效推进新型职业农民的培育，那么应做到创办相应的组织，明确各个部门以及工作人员的具体职责；根据当地的经济发展状况以及当地留守农民的培训需求制订长期有效的规划，甚至可以将职业教育纳入地方经济社会发展规划中；明确短期与长期的职业教育目标、教育任务以及教育计划；各个地区的基层政府要落实考核问责制度，将职业教育纳入基层单位年度考核中；农民职业培育工作要落实到每一个工作环节的每一个负责人头上，并且有相应的领导进行直接的指导、担责；为了保证职业教育实践的顺利发展，教育经费一定是充足的，政府的财政投入必须保证职业教育工作能够正常运转；把职业农民培育工作作为一个教育发展的体系，积极整合各类职业教育机构，拓展发展的空间；各个地区的当地政府一定要把政策落实到位，努力改善当地的教学基本设施；不断加强各类教育机构的服务能力，利用校企合作的方式，丰富职业农民教育活动的形式与内容。

二、农民培育模式的综合分析——以陕西安康为例

陕西安康是全国第一批新型职业农民培育试点区，区域创建的农民培育模式还获得了国家颁布的相关奖项。陕西安康的农民培育模式是以农村特色产业为发展核心，借助地域内的专业大户、家庭农场、农民专业合作社以及大型涉农企业等多个生产经营主体的新兴力量，以农广校为主体，经过多年的理论研究与实践探索，逐渐形成了具有地域特色的新型职业农民教育培养的成功模式。

（一）“忠诚模式”——农村与职业教育机构联动

“忠诚”模式指的是在陕西省安康市汉滨区忠诚村以及周边的罗家湾村所创建的培育机制。由于当地有种植蔬菜的农业传统，政府及相关部门就根据地质特点、经济发展现状以及当地农民群体的需求，创建了忠诚蔬菜农民专业合作社。通过合作社的方式，促进当地土地使用权的流转，扩大蔬菜种植生产基地的规模及数量。合作社将手中现有的农业资源、教育资源合理分配给当地的农民，积极推广先进的种植、收割技术，每年都开展数次集中式的职业技术培训活动，及时听取农民的心声、解决农民在技术生产和产品服务方面存在的疑惑，促进职业教育真正走入当地农民群体。农民在合作社的支持下，从以往的农业种植生产者变身为农业生产经营的收益主体。“忠诚”模式吸引了大量外出打工的农民返回家乡从事农业生产服务工作，搭上了“顺风车”成为忠诚村和罗家湾村地区农业发展的领军人物以及新型职业农民队伍中的一员。

合作社在发展中逐渐摸索出了当地农民职业培育的规律，并以此创办建设了职业农民教学培训中心。无论是当地的农户，还是周边的农户，都可以到此学习先进的种植技能，甚至下到农地去实习演练。可以说，“忠诚模式”真正做到了将农村合作社与职业农民教育进行紧密结合。

（二）“隆科模式”——农场与职业教育机构联动

“隆科模式”就是位于陕西安康高坪村的隆科生态园区，是由农业种植生产大户牵头开办的生态园区。该生态园区的特色在于种养结合。迄今为止，隆科生态园内有数百个专业的蔬菜大棚和几十个先进的日光温室。每个大棚的生产管理都由专人负责，平均下来每个蔬菜大棚都能拿到至少6000元的基础收入。与此同时，农广校借助农业园区的人力、物力在生态园区大面积开展职业农民培育工作，其具体内容包括：培育地点是在生态园区内部，在特意划分出区域里建设培训教室以及实训基地；培育内容是蔬菜生产的各个环节所需要的技术与能力；培育的管理者是生态园区的业主，也就是新型职业农民培训教学班的班主任；培育的主体是承包大棚的园区工人和技术员。

“隆科模式”充分利用了生态园区的优势，将当地的从事农业生产的农民群体以及希望在当地开展农业相关工作的工人汇聚在园区内。通过蔬菜种植大户、承包大棚的专业技术工人开展系统的、全方位的培训，使其成为生态园区建设的技术性人才以及园区全面发展的推动力。“隆科模式”一方面促进了当地农民专业素质的提高，另一方面给生态园区带来了稳定又高效的收益。当地农民在此培育模式的带动下，不仅拥有了农业种植技能的实际操作水平，还熟知市场运作规律、懂得如何去经营，可以说是收入、社会保障两不误。

（三）“阳晨模式”——企业与职业教育机构联动

“阳晨模式”指的是企业与教育机构联合开展的职业教育模式。阳晨现代农业集团有限公司是“阳晨模式”的主要运行者，是一家当地农业龙头企业，主要从事种猪繁育、商品猪饲养、饲料研发生产等动物养殖生产活动，之后通过企业转型逐渐将经营重点放到了生物质能源开发以及生态农业示范等新兴农业产业上。集团将自己原有的优势项目以及重点发展的项目融为一体，形成了规模化、专业化的生产模式。为了自身企业的全方位发展以及带动区域经济的整体水平，集团率先成立了养猪联盟，大面积建设养殖大棚，又将大棚承包给当地的养殖专家，于是当地的农民群体便成为阳晨集团旗下的职业养猪户。汉滨区农广校看到了养猪联盟的未来光明的发展前景以及集团旗下的员工对专业技能的需求，于是便和阳晨牧业公司展开职业教育方面的合作。

“阳晨模式”的培育对象是养殖产业的联盟户以及前线劳动的员工。在职业教育机构的帮助下，阳晨公司举办了多次生猪现代养殖技术培训班。培训期间的食宿费用完全由公司承担。在为期几个月的职业教育培训过程中，集团在跌跌撞撞的实践中摸索并建立了内容结构都非常完整的培训方案，在培训工作中坚持遵守履行培训方案的相关原则、流程以及要求。培训课堂注重理论与实践相结合的教学方式，使农民将自己所学的理论知识正确恰当地运用到农业生产活动中。整个培训内容体系非常完整，将零碎的知识细致归纳为数百多个知识点及技能操作程序。为了巩固以及测试课程效果，公司还组织了专业教师为课程编写了数百道练习题，以便提高职业教育的教学质量。培训的时间通常为三个月，可分为三个阶段：面授阶段—实训实习阶段—返回猪场生产实践阶段，每个阶段持续时间一个月。为了保证阶段性教学的进度与实践成果，“阳晨模式”还专门规定了教师要全程跟随班上的学生开展实训，并在实践中对农民学生进行服务指导。“阳晨模式”因其培训效果出众，教学质量高，不仅受到了公司内部员工的欢迎，还受到了当地农民的认可与喜爱，可以说，“阳晨模式”真正实现了产业发展与职业农民创业的双管齐下。

（四）陕西安康带给新型职业农民培育模式的启示

1. 新兴培育模式对当地农村建设的影响

陕西省安康市的农民职业培育模式的成功之处在于增强了农业、农村对流动人口以及农业户口群体的吸引力，在开展多种形式的职业培育活动中不断吸取经验教训，在成熟的职业培育模式的领导下当地的农业生产力及生产关系得以共同发展，现代农业生产经营主体及职业农民群体的共同成长，最终促进农村经济和农村社会的共同繁荣。

安康市的职业教育培训不仅带动了当地农村的发展，而且促使接受过职业教育培训的农民的日常生产、生活都产生了质变，改善了生活质量。其具体体现在农民通过蔬菜种植、动物养殖等农业生产活动拥有了相对稳定的收入。安康市农民的整体收入都上升了一个台阶。这就是为什么安康市能吸收众多在外打工的农家返乡务农的原因。经过职业教育机构认定的新型职业农民在居住地附近就能找到自己适合的岗位，农民可以安心在岗位上发挥自己的能力，获得稳定的以及可持续的较高收入，与安康市早期农业收益低、务农收入低的情形相比，现在当地的农民已经过上了相对小康的生活，不仅可以自给自足，而且还推动了区域农业的建设与发展。

除了从事传统的农作物种植以及畜牧业之外，生态农业园区也成为安康市农民从业时重点考虑对象。根据相关资料显示，承包隆科生态园区内大棚的管理型工人除了拥有稳定的基本工资外，超出的收益部分将与业主按照

6：4的比例分成，因此新型职业农民可以通过聘用的工人管理大棚来获得额外收益。安康市的农民将通过不同渠道获得的零零散散的收益相加并与传统的外出务工相比，就会发现两者给家庭带来的收益金额并无太大差异。可见，在当地务农，不仅工资收益不少，还可照顾到家里的农活、老人和孩子，社会保障也不会少。这就是职业教育模式给农民带来的巨大利益。

随着安康市职业农民培育模式的逐渐完善，人们对农民这个职业的观念也有了转变，农民职业的社会认可度日益增长，农民的社会地位也逐渐上升。分析我国社会的结构，可以发现农民原本在偏低的社会位置上，但是新型职业农民的教育培训和政府大力扶持政策的颁布，促使“农民”在社会结构中的位置发生改变，可以说农民开始逐步完成从一种“身份”到一种“职业”的转变。

近年来，安康市新型职业农民的腰杆逐渐挺直，职业农民可以从事自己理想中的工作岗位，且交通、食宿便利。加上优秀的客观环境，国家惠农政策的倾斜支持，技术人员、基层干部的结对帮扶，新型职业农民开始享有与城市人口一样的社会保障，这些实惠都是依靠职业教育培育得以现实的。与此同时，通过认定的新型职业农民也在农村地域成了被普通农民群体羡慕且拥有尊严与社会地位的社会群体。

正因农民是农村社会发展的引领者，农民劳动力对于农村产业转型而言至关重要。例如，“忠诚模式”的顺利推广就促使上百名务工农民回归故乡参与务农，这些青壮年劳动力成了忠诚农村重大的劳动输出力量；“隆科模式”也同样吸收了数百名本地域返乡务农青壮劳动力。相信在安康市职业教育培育模式的不断发展下，返乡务农会成为安康市农村地域就业的主流趋势。这些青壮年劳动力的回归不但缓解了农村空心化的严峻问题，而且加速了农村社会的转型，直接推动了农村文化的发展。工资、社会保障以及社会地位是吸收务工农民回归的主要原因，这从问题根源上减少了影响农村社会发展的不稳定因素。返乡务农的青壮年群体一边扛起了家庭与社会责任，一边承担起农村改革的重任。总之，安康市所创建的新型职业培育模式，对其他农村地区都具有深远的借鉴意义。通过分析模式背后的现实意义与价值，我们能够深深意识到新型职业农民培育是现代农业发展的重要战略和主要措施，同时，新型职业农民将紧紧伴随现代农业的发展脚步不断前进。

2. 新兴培育模式的构建原则

新型职业农民培训不能走寻常的教育模式而是要有所创新。深入分析安康市职业农民培育模式，我们可以得到如下结论。

（1）职业教育培育需与地域特色主导产业相结合。

职业教育始于实训、落于实践。职业教育培育的所有理论知识、技能操作都需要在实践中才能看到其相应的效果，职业农民是否能通过培育增加自己的生产收入是判断培育效果的最佳途径。而促使农民稳定增收的最大产业就是当地的特色主导产业，因其规律大、前景光明以及政策支持，成为农村经济建设的核心产业。只有通过不断推进新农村的产业化经营，才能保证农民最大收益来源的稳定。可见，当地特色主导产业快速发展是将新型职业农民留在农村务农的基础条件，因为农民可以通过现代经营生产活动将自己在培训活动中学习到的经营知识运用到其中，从而提升自身的经营理念。

只有通过职业教育培育，农业产业链才有可能在人才、智力的支持下得以延长，农产品的附加值会在科学的经营理念与高效的生产活动中得以增长。新型职业农民会在加强自身专业素质与职业技能的同时，带给当地经济与社会全面发展，职业农民的进步可逐渐扩大当地农业的产业规模，增强预知市场风险的能力，促使区域农产品市场的竞争力的提升。

随着特色主导产业的发展进入成熟化发展阶段，农业多种功能的效果得以展现，与此同时，技术性岗位对员工专业技能及职业素质有了更高的要求。这就需要新型职业农民不断通过实训教育，更新自己的知识技能宝库，根据市场及企业的相关需求，提高自身的素质与能力以适应多变的企业与市场环境，努力在产业链中得以成长，为企业的深化改革贡献自己的智力与精力。

（2）职业教育培育需与新型经营主体建设相结合。

早期的职业农民只是一种社会底层的身份代表，现在农民已经成为社会重要的职业之一。其成长既离不开职业教育的智力支持，也离不开新型经营主体建设的现实需求。可以说，新型职业农民是在“贵人”的帮扶下得以进步，这些“贵人”就是近些年来出现在新农村地区的种养大户、家庭农场、农民专业合作社、农业产业化龙头企业、农业社会化服务组织等新型经营主体。正因它们是带动我国农村地区现代农业发展的核心力量与人力资源，这些新型经营主体的建设工作才在现阶段显得尤为重要。

这些现代农业建设的领军人物根据自身所在的产业所需要的人力资源与职业教育机构进行合作，一边充分利用职业农民的人力资源，一边抓住机遇促进体系改革与产业转型。新型经营主体通过扩大农业产业的经营规模，科学合理地利用各种现代化生产要素，一举降低了产品生产服务的成本。现代农业新型经营主体看到了产前产后服务对于整体产品生产交易流程的重要性，因此通常只把生产这个基础环节交给当地农民，这样不仅消除了农业生产中的技术、市场以及决策的风险，还直接降低了新型职业农民的成长的资源成本。通过促进职业农民与经营主体两个群体的共同发展，不但为解决我国农业商品化程度低、农产品市场一体化程度低的问题提供可能，而且为新型职业农民的发展创造了良好的经济社会环境。

（3）职业农民的成长离不开与农民教育培训专门机构建设的结合。

职业教育机构永远是最为正规的教育途径，一般来说其教学体系较为完整，适合不同层次的职业农民前往接受培育。在这种政府创办或是资金支持的专业教育机构内接受职业教育，其良好的教学效果会在农业生产经营过程中体现出来。

开展新型职业农民培育工作本就属于国家级别的战略要求，因其特殊的公益性质，基层政府必须将其作为区域发展的重点项目，根据实际情况设立专业组织来落实培育工作，共分为以下四个步骤。

①规划。新型职业农民的培育工作是一项流程较为复杂的社会性工作，它需要从上而下的一系列系统的专门机构根据不同特征的新型职业农民的成长现状、区域社会发展的差异化来制订确切详细的培育计划，保证整体培育模式有战略的指导以及具体的落实措施。

②协调。新型职业农民培育工作需要全面整合区域内部的农业教育资源，充分发挥当地的农业院校、科研院所以及相关推广部门的教育作用，促进教育领域各方齐发力，合理分配职业教育资源。

③调控。国家颁布的有关新型职业农民培育的官方文件是开展职业培育的基础性文件，文件上面的规定、原则、要求都是落实工作的理论指导。组织管理机构需要根据国家战略和政策目标及时合理地调控教育资金、培育人数和教育服务，与此同时基层政府也需要协调土地流转、农业保险、社会保障、技术推广等相关部门之间相互配合，促使体系运行顺畅。

④检验、管理以及服务，即最后的反馈工作。新型职业农民培育要加强领取认定证件之后的管理，相关部门要积极给予引导、指导和辅导，特别是要开展“结对帮扶”工作，保证每名职业农民在培育中遇到问题时有专业人员给予指导。[1]

第四节　新型职业农民培育存在的问题与反思

解决“三农”问题不仅要靠政府相关政策的积极引导，更要靠新型留守农民自身的开拓进取，才能从根本上解决问题。但是，如果留守农民只

[1] 王守聪.新型职业农民培育的安康实践与思考［N］.农民日报，2013-10-23（008）.

是“故步自封”的话，新农村建设就看不到前进的方向，因而我们需要培育新型职业农民，让这些人成为新农村建设的主要发力人群，利用现代化的技术手段来改善农业生产、加工的方式，扩大农作物的产量，提高农业生产活动的效率；创造培育出新型的农作物品种，扩大农作物市场，提高消费者对农作物的实际需求。

虽然全社会都意识到了这项具有公共性、基础性、社会性的新型职业农民培育事业的重要性以及迫切性，了解到农民的职业培育可以巩固加强现代农业发展在我国经济发展的重要地位，但是现阶段仍然出现了培育对象、培育体系以及培育环境这三个方面的问题。这些问题将直接影响新型职业农民教育工作的教学质量以及实际效果。

一、培育对象的能动性不高

（一）培育对象能动性影响教育机构的人力资源开发

目前，我国大力推进发展的新型职业农民培育工作进入了发展的瓶颈期，虽然这种具有实用性的职业教育形式受到社会的关注与重视，但是在具体实操过程中，还是受到了众多主客观因素的影响与制约。表3–6为职业教育培训机构开发农民人力资源存在的主要困难。从众多数据中我们可以看到制约农民职业教育发展的因素呈现多样化的趋势。

表3–6　职业教育培训机构开发农民人力资源存在的主要困难

项目	小计/人	比例/%
培训工作与实际需求脱节，缺乏实效性	86	30.07
农民参加职业培训的积极性不高	205	71.68
经费投入不足	179	62.59
缺乏相应的实训设备、场地	142	49.65
农民文化程度低、学习能力差	138	48.25
缺乏合格师资	104	36.36
教育培训活动得不到政府和社会认可	78	27.27
农民不愿意承担一定的教育培训费用	113	39.51
教育培训成果很难得到实际体现	67	23.43

续表

项目	小计/人	比例/%
其他	19	6.64
（空）	12	4.2
本题有效填写人次	286	

职业教育培训作为一种专业度极高的教育形式，教育主体是影响其发展的重要因素。农民职业教育培训的主体自然就是各地区出现的新型留守农民群体，多发动这部分群体的人来参加培训，就可以推进农民职业教育向前发展，可惜的是现阶段这部分农民群体并没有成为职业教育培训的受教育主力，反而因他们对参加培训的积极性不高，导致部分地区基层开展的农民职业教育工作止步不前。

促进新农村建设需要通过开展新型职业农民培育工作，从根本上提高农民的职业素质，才能解决这个现实的经济发展问题。如果基层无法调动新型留守农民开发未来农业领域的人力资源，无法提高留守农民积累农业生产的人力资本的自觉性与积极性的话，那么职业教育的教学效果就不能凸显出来。

对于农民自身的人力资源开发方面，呈现出了“开发的年龄偏大、不想开发的收入偏少、即使开发但待遇偏低”的一个尴尬状态。图3–1所示为新型留守农民群体的文化程度，从图中的一些现实的数据来看，我国农村地区的教育水平还不够高。有初中及以下文化程度的农民数量占调查农民总数的38.31%，这些农民自身的文化素质就不高，其实应该成为农民职业培育工作的主要对象，通过大量培训活动，提高自己的综合素质，但这部分人参加培训的意愿也不高，这点值得我们去反思。

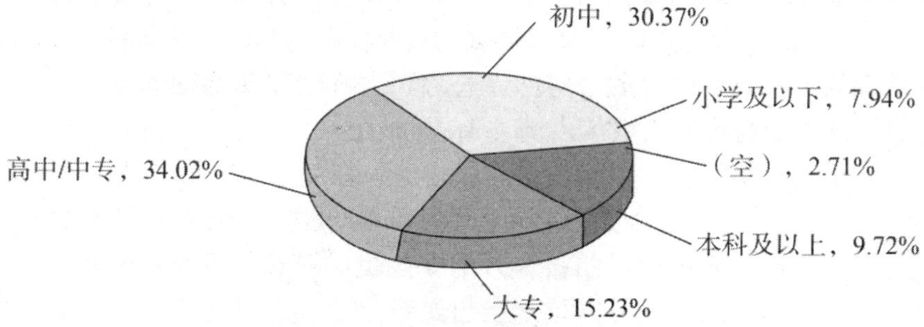

图3–1　新型留守农民群体的文化程度

职业教育所需要的物质条件众多，而部分农民缺乏义务教育、农民自身的家庭环境不好（经济条件）、农民日常不良的生活习惯、新型留守农民的年龄比较大，这些都导致农民主动参加职业教育培训的人数增长缓慢。除此之外，还有小部分农民的积极性不高并非上述因素所造成的，而是受“小农”思想的深刻影响，把“自给自足、小富即安”作为自身发展的目标，因此这些农民不会主动去接受新的事物或是新的技术，自然参加培训的意识也会淡薄，他们也不会主动和积极地参加培训。

为了解决农民参与职业教育培训的积极性不高的问题，相关部门以及各类职业教育机构利用各种方式来吸引农民主动参加职业教育培训，如赠送生活用品给农民、请农民免费吃饭、发放少量的资金给农民等。可见，培训单位为了提高新型留守农民群体参与培训的积极性，耗费了大量的时间、人力与物力。但这些措施无法从根本上提高整个农民群体参加职业教育培训的积极性。这一矛盾状态会继续成为各类职业教育培训机构开发农民人力资源的制约因素，同时严重影响了新型职业农民培育工作的向前推进。

一些调查后的数据也充分说明了上文所述的农民参与度不高的问题。多数管理者认为，开发农民人力资源存在的主要困难表现在农民参与职业教育培训的积极性不高。在对实地调研的相关职业教育机构的负责人进行采访的时候，相关负责人也向我们表达出了现阶段农民人力资源开发的问题就是农民无法积极主动地参与到培训教育工作中，而造成农民积极度不高的原因就是农民对培训的认识还不够，农民目前还处在一种“被动”的培训教育状态。

（二）影响培育对象能动性的主客观因素

我们在反思无法有效刺激新型留守农民群体参加培训工作的同时，也应该考虑这样一个问题——农民是否如管理者所言缺乏最基本的参与培训的意愿？根据实际的调查数据显示，事实并非如管理者所言，现在越来越多的农民愿意主动加入职业教育机构中，主动去学习现代化的技能。图3-2为农民参与职业培训的愿望，从中我们可知农民其实是乐于参与职业培训的。有高达91.21%的农民表示愿意参加相关职业教育培训，真正不愿意参加职业教育的人数仅占调查人数的5.05%。

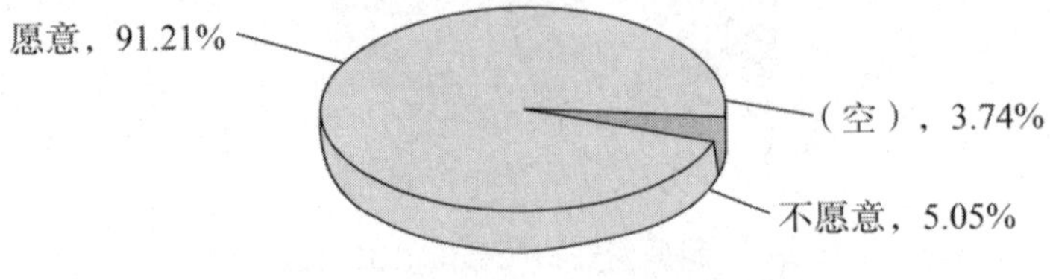

图3-2　农民参与职业培训的愿望

图3–3为农民对参与职业教育培训的态度。从这个调查中我们也可知，农民还是愿意主动去参加培训的。45.05%的农民都表示了“只要能学到一技之长，花钱也愿意”，可见农民对于职业教育培训的巨大热情。

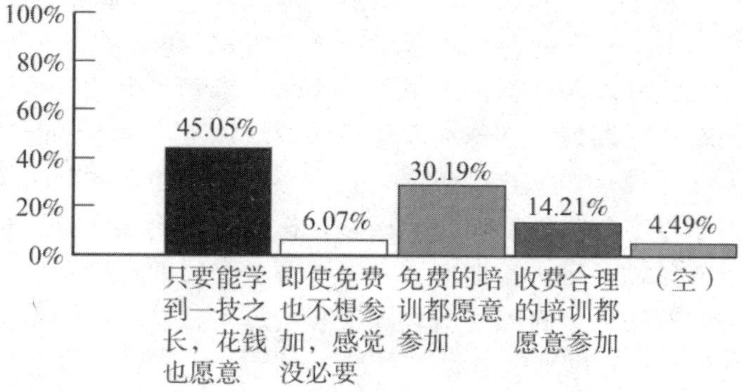

图3–3　农民对参与职业教育培训的态度

在实地走访中，我们也发现受访的农民，如种养殖大户、农业能人、农民经纪人都表示出了参与各种职业教育培训的强烈愿望。

如果新型留守农民群体参与职业教育培训的积极性并不低的话，那么导致农民缺乏培训意愿的最直接、最为关键的因素又是什么呢？根据一些实地的采访与网络问卷法的调查结果，我们将影响农民参与职业教育培训积极性的主客观因素总结为以下几个方面。

1. 参加职业教育培训的成本

学习任何新鲜的知识与技能都需要花费一定的成本，这个成本既包括基本的时间成本，也包括经济成本。如果农民有意愿去参加职业教育培训，但是自身的经济条件不足或是参加培训会影响农业生产活动，造成了时间与经济的双重损失，那么农民也不会去主动参加培训的。就像受访农民说的那样“我们是学得起，但是误不起”。显然，农民觉得参加培训意义出发点都是好的，一旦自己参加了培训，那么一段时间就无法开展正常的农业生产，也就间接影响了家庭的增收。由此可见，农民在参与培训时首要考虑的因素就是参与培训的时间与参加培训所产生的经济成本。

2. 教育机构距离农民较远

地理因素也是影响农民主动参加职业教育培训的主要因素之一。农村区域面积都比较大，一般各类职业教育机构都建立在比较靠近中心的位置上，但是农民生活的地区往往接近耕地，因而农民与职业教育机构的距离就很遥远了。农民自然是希望能够参加培训，提高自己的技能，但同时也希望参加培训与农业生产这两项活动不产生冲突，因此农民就更加希望职业教育机构离自己更近一些，培训的时间能够短一些。

然而事与愿违，距离农民最近的是乡镇社区教育中心，但是该教育机构的规模较小，其开设的专业也很少，无法满足农民对现代农业技能的需求，连从事职业教育的老师都少得可怜，因此虽然乡镇社区教育中心是属于家门口的教育培训，但是这个教育机构的培训工作也无法起到提高职业素质的能力。反观，如果农民想要去大一点规模的职业教育机构，那么他们就要去县职教中心参加培训，但该教育机构又离农民太过遥远，相隔几十公里都是常见的，为了参加培训，农民需要大量的交通费、就餐费以及住宿费，这些费用都给农民培训增加了经济成本，这就又回到了上文所述的经济成本过高，农民承担不起的问题。

3. 教学培训设施陈旧

由前文所述可知社区教育中心培训是认可度与喜爱度最高的。但是，一般乡镇社区教育中心的教学设施与城市教育机构所拥有的教学设施差异很大，与教育现代化水平不相适应，如很多社区教育中心的建筑还是破旧的平房，培训设施也是少之又少。在这样一个陈旧的环境中，农民无法高效地获取应有的专业知识与技能。

目前，基层政府对教育的投入还集中在中小学、幼儿园等义务教育方面，财政支出能给予乡镇社区教育中心的远远不够其增强教学培训设施。由此可见，教育经费的不足影响了最受农民欢迎的职业教育机构（社区教育中心）的基本建设，即教学培训设施的购买与布置。表3-7为农民参加培训中遇到的最大问题。由此可见，部分农民觉得教育机构的教学设施过于简陋，无法满足自己的培训需求，把这个原因作为参加培训中遇到的最大问题的人数高达22.34%。可见，社区教育中心的教学培训设施无法真正满足农民的需求，需要政府多出资改善教学培训设施。

4. 知识技能接受度不高

农村作为现在义务教育的主要扩张发展的区域，当地居民的文化素质与城市相比，差距甚远。这也就造成了多数农民在接受培训的时候，发现自己无法迅速理解老师所教授的内容，宛如“听天书”。确实，职业教育虽然与素质教育不同，其专业性比较强，实用性也比较强，不需要大量的知识储备便能完成学习活动。但是任何领域的学习都需要一定的文化知识做基础，这样教学的速度与质量才能上来。

表3-7　农民参加培训中遇到的最大问题

选项	小计/人	比例/%
培训内容不符合自己的需要	439	41.03
培训内容听不懂	307	28.69
教学方法不适应	258	24.11
收费高	82	7.66
教学设施太简陋，不适应培训需要	239	22.34
课程设置不合理	238	22.24
培训时间安排不恰当	388	36.26
（空）	49	4.58
本题有效填写人次	1070	

如表3-7所示，有28.69%的农民认为参加培训时遇到的最大问题便是“培训内容听不懂”。与此同时，有48.25%的培训机构管理者认为农民接受知识与技能的能力不高，并把“农民文化程度低、学习能力差”作为他们开展培训工作时遇到的主要困难。

5. 职业教育机构“不接地气”

任何有关农村发展的工作都需要下到基层去了解实际情况，并且依照实际来改变政策理论以及实践活动。农业职业教育培训的主要教育对象与场所都在农村，这也就要求在当地的各类职业教育机构要能够结合当地的实际情况来开展工作，一定要使教学的内容与形式“接地气”。

但是在实际的走访与网络问卷调查中，我们发现不少职业教育机构的内容与农村现实脱轨。这一点直接导致了农民更加认可与喜爱社区教育中心组织，而农民参加正规职业院校组织培训的积极性不高。

我们反思一下出现这个现象的原因，正是部分正规的职业院校虽然培训内容“先进”，教学设施与办学条件都比较好，但是教育机构所开设的培训专业以及设置的课程内容，都与地方产业发展、与农民需要不相吻合，也就是说这些培训内容是以城市的产业发展为主，与农村经济现状明显不符。正如数据调查结果显示，近半数参与调查的农民认为参加培训的最大问题是“培训内容不符合自己需要”，同时有不少的农民认为参加培训的最大问题是“课程设置不合理”。由此可见，超过半数的农民都认为正规的职业教育机构虽然拥有好的客观条件，但是教授的内容“不接地气”，农民无法从培训中得到他们所需要的知识与技能。

二、培育体系不完善

新型职业农民是推动现代化农业建设的重要来源，我国大部分农村地区都已初步建立起新型职业农民培训教育体系，并且具有一定的组织规模，一些具体的农民职业教育培训工作就需要依靠完整的培训体系来完成。

具有不同当地特色与整体性特征的新型现行的农民培育体系在具体的实践过程中出现了一些问题。这些问题直接影响了新型职业农民培训体系的自我完善与发展，从而影响农民职业教育培训工作的实际效率。

（一）新型农民职业教育培训体系设计不合理

1. 新型农民培训内容注重技能培训，忽视职业道德培育

（1）培育内容与实际农业生产现状不相符。

虽然有“三农”问题的困扰，但是我国农业产业发展还是比较迅速的，并呈现出种类众多、区域化的特点，这些都是农民职业教育培训的主要内容。各类职业教育机构要根据农业实时变化的内容以及新时代农民的特点，开展有针对性的培训，把培训内容设计得更为科学与实用。

然而，大部分农民接受的培训内容与社会经济发展情况出现了严重脱节的情况。图3–4为学员对教学内容的评价。

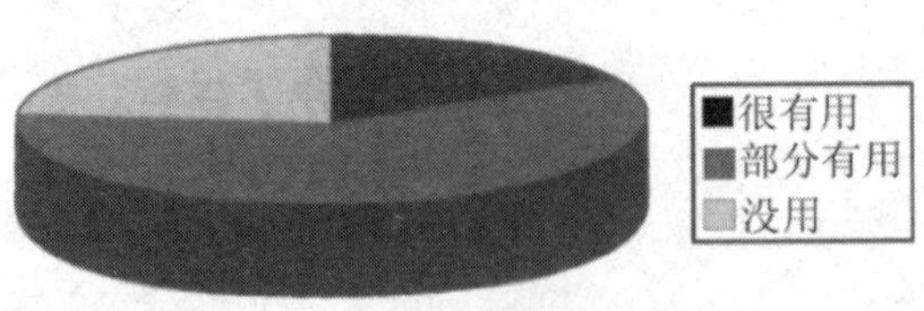

图3–4　学员对教学内容的评价

根据问卷调查的结果来看，17.2%的农民认为教学内容很有用，而认为部分有用的农民占该调查总数的60.4%，甚至有22.4%的农民认为教学内容没用。由此可见，现在农民培训的内容与社会发展现状、农民的实际需求不太相符。因此，在日后的培训工作中，一定要把教育培训的课程内容与生产实际、农民需要相结合，提高教学课程的实用性。

（2）培育内容过于注重专业技能的培育，忽视职业素养的培养。

职业道德是农民从事农业领域生产活动所必须拥有的道德修养之一。农民职业道德是发展现代农业、保障农产品质量的根本条件。在职业教育的培训中很少有职业素养的培养，因此大部分农民依旧会做出违反职业、社会道德的事情。在农业生产交易过程中，仍会出现如下几个方面的问题。

①生产环节——由于缺乏常识，农业生产出现违法违纪现象。

这个问题是最为严峻的。因为有些农民依旧认为科学意识是没有必要去培养的，所以生产中会出现过度喷洒农药、滥用化学化工品、添加有毒香精色素，甚至是违法使用国家禁用、限用的高毒农药。这些行为都是缺乏科学技术与农业常识所造成的。

在农民职业教育的培训中，应该加强这方面的教学课程，让农民意识到过度使用农药不仅违反我国的农业法，而且会极大损害消费者的权益，甚至会对土壤和人体造成不可逆的伤害，这种危害虽然在短时间内无法显现，但长此以往会直接影响到农民的生活和工作。

②销售环节——缺乏职业素养，出现失信违约现象。

销售环节也是农业经营活动中尤为重要的一环，它决定着农民能从生产活动中获利多少。有些农民缺乏职业素质，做出缺乏诚信的行为，如短斤少两、哄抬物价、以次充好等。这些行为不仅仅是撒谎，更是损伤了农村的生产营销的市场环境，间接损害了整个农民群体的形象。如果农民仅仅看到了眼前的小盈小利，那么与承包大户的合同矛盾则是严重缺乏诚信的行为。缺乏诚信的行为自然会破坏交易双方的信任度，影响日后的经济生产交易活动，阻碍了社会主义新农村的建设步伐。

③培训教育环节——市场信息渠道不流畅，导致农民盲目发展。

国家政策对农业生产的影响不言而喻，只有市场信息通畅才能保证农民选择最合适的产业生产。虽然大部分农民知道国家有出台农业相关的专项扶持政策、农业补贴政策等，对于补贴补助对象、补贴金额力度、补贴方式方法却不了解，在教育培训政策方面就更是知之甚少。如果国家为了支持新型职业农民培育而颁布的政策在农民群体内部得不到反馈的话，那么政策就失去了意义。农民很容易会陷入自我盲目的发展状态中，不利于农民职业道德建设，难以有力推动农民职业化的进程。

我国的农村仍处在传统农民向新型职业农民转变的初级阶段，对新型职业农民的职业道德教育认知不够，职业道德教育机制还未能及时健全。这种机制的不健全表现在各地农村党政府对农村的考察以经济发展为主要考核目标，没有考核职业道德教育或新型职业农民培育状况。一方面，整个农村缺乏职业道德教育氛围，部分传统农民对职业道德的概念缺乏认知，他们只看重眼前的既得利益，不重视职业道德教育，降低了整体农民的素质水平，甚至认为职业道德教育耽误了他们，技能科技培训浪费他们的时间、精力和金钱，彻底地拒绝提高自身素质。另一方面，也有部分农民尤其是大龄农民，他们安于现状，满足于目前这种生活状态，从不主动去了解市场、发掘市场，缺乏创新精神，也不主动学习政策法规，运用法律进行维权，导致新型职业农民职业道德培育的进展缓慢。[1]

2. 农民职业培训的教育资源分散，分布不均

（1）教育资源分散。

虽然，政府很重视农民职业教育培训工作，发动农业、畜牧、林果、农机、教育等多个部门去积极参与农民的职业培训工作。俗话说“人多力量大”，但在农民职业教育工作上，这样的资源分布反而缺乏统一的规划，造成“各扫门前雪”的现象，在落实具体的实践工作中也无法齐心协力配合去完成教学任务。

与此同时，各个政府相关的职业部门结构分散、职责不清的现象也依旧存在，并影响了农民职业教育资源的分配，再加上培训场所受到了客观条件的限制，从而导致农民职业培训资源尚未形成整体的优势，出现了教育资源分散的困境。

（2）教育资源分布不均。

现阶段，我国教育领域出现的种种问题都可以归咎为教育资源的分布不均。由此可见，农民职业教育体系出现的一系列问题也同样可以归咎为农村区域内职业教育资源的分布不均。

造成区域内资源分布不均的原因有很多，如农民居住过于分散、人员构成过于复杂等。随着职业教育需求的多样化特征愈发明显，这就要求职业农民教育培训中的教学内容要具体明确，各类职业教育机构地点的分布要更为均匀，职业教育的培训方式与方法要更为清晰有效率。

然而，我国农村地区的职业教育资源并不能够满足农民的实际需求。除了农广校在乡村有教学点之外，从普通高中开始，农村学校在教育机构的总数中所占的比例愈发地减少。而且大部分农科类高等教育院校（大学）都建设在县级以上城市中，这也就呈现出教育资源区域化分布不均的现象。可见县域内的农民职业教育资源是非常短缺的，这也会影响新型职业农民教育体系的完整建立。

---

[1] 陈忱.农民职业化进程中职业道德建设研究［D］.福建农林大学，2017.

3. 新型职业教育培训专业设置不合理

我国现有教育体系中的素质教育与职业教育都存在专业设置不合理的现象。这点在农民职业教育中尤为明显。我国农科类职业院校数量不多，存在职业教育机构的专业设置不合理以及课程内容与实际市场需求不符的现象。可见各类教育机构的发展前景都不够乐观，需要通过教育改革来完成改进工作。

此外，近年来，不少职业教育机构、农科类高等教育院校、各级别科研院都把素质教育作为教学重点，以培养综合性人才为己任，这样一来专门培养新型职业农民的教育机构以及在教育机构设置的涉农专业就更少了，在不少经济发达的地区都出现了农林类高校毕业生占中职毕业生总数的比例低的现象，并且农林类高校毕业生整体出现了逐年下降的趋势，同时职业教育中的高等农业教育也在逐年减少。这也就给想要参加农民职业教育培训的人带来了困境——找不到合适的教育场所去参加培训。

（二）新型职业农民培训体系的结构不顺畅

1. 农民职业教育体系尚未形成有效的衔接

农民职业教育体系的建立依赖于各个小型教育形式之间形成有效的连接。这点具体体现在职业教育体系内部，不同层次与不同形式的农业类职业教育之间缺乏有效的衔接，导致涉及农业领域职业教育机构的学生的升学渠道并不宽广，未来教育机构的毕业生的农业就业前景也不明朗。

从另一个角度来分析，职业教育体系之间尚未形成有效的衔接也就是区域内学历教育体系不够完善，在地区没有形成涉农专业的初、中、高等职业教育有效衔接的学历教育体系。

2. 新型农民职业教育培育管理体系存在漏洞

新型农民职业教育管理主要是指培训机构以及接受培训的农民的管理。在我国，一直都对培训主体的认识有争论，各级政府一直作为主要的培训主体。各级政府承担了职业教育培育工作的主要领导工作，但现阶段政府职能定位依旧存在不准确、越位、缺位、错位的现象，这种现象直接挫伤了职业教育机构和农业技术推广部门开展培训工作的积极性。

我国农民培训的教育资源其实是很丰富的，不仅有众多的培训学校，还有高等教育机构、科研院所、各类与“三农”有关的网络资源、通讯资源等。然而，这些教育资源没有得到有效利用，教育培训的主体隶属于很多部门，各部门各自为政，自行其是，导致资金分散使用，难以形成规模效益和集约效益。目前，我国农民培训工作没有明确的管理主体。培训资源难以有效整合。各培训机构条块分割，分属于不同的行业和部门，有的属于教育部门，有的则属于农业部门，有的却属于劳动部门。机构设置得过于零散，甚至出现了“应付差事”临时成立的组织机构，由于这种机构缺乏系统规范化的长效培训机制，因而会出现各种组织问题。虽然基层政府的各个部门都在积极开展职业农民的教育工作，但由于多头管理，管理体制不顺，全国缺乏统一而明确的目标和工作任务，造成宏观指导有较大的盲目性。由于部门力量难以有效协调，保障措施不够明确，培训资源难以科学合理地配置到位，培训任务落实难度大。我国对农民培训管理制度存在的漏洞主要体现在以下几个方面。

（1）农民职业教育培训工作被人为分解。

我国农民教育培训的内容现阶段分为三个部分:农民学历教育、农民后续教育和农民的技术培训。农民学历教育由教育部门来负责，农民后续教育和农民的技术培训则由农业部门负责。与此同时，科技部门、劳动和社会保障部门等十几个部门也有培训农民的职能。多头领导的管理体制把农民培训整体工作分解得过于细致，多数的单位和部门都去组织管理农民培训，但这些单位的主要工作却不是培训工作，这就造成了组织结构不能深入农民培训工作中去。

（2）农民培训的多头管理，造成人力资源的浪费。

首先，由于各大组织机构为了开展组织工作而设置了管理农民培训的办公室，殊不知多数的单位和机构都具有同一的任务，却依旧各自开展工作。这就出现了农民培训工作中管理人员占了多数，反观职业教育的教师的数量却不足以及人力资源浪费的现象。大量的资金都用在了人力资源上，农民培训的费用和成本也就上升了，落在实际培训工作上的经费就无法满足农民的实际需求。

其次，现阶段职业教育的培训项目太多，但差异性不大。农民上了十门课，可能不重复的又有用的只有五门课。那么，农民参加培训的时间就白白浪费了。

（3）职业教育管理体系缺乏统一协调的管理，造成部门利益倾向严重。

虽然农民培训面比较广，需要大量教育资源的投入，但是缺乏统一协调的管理体系是现阶段存在的比较严重的问题，管理体系的各个环节无法相互协调配合的话，相关管理部门就会出现缺乏沟通的现象，农民培训就会出现盲目性与无序性。职业教育管理体系缺乏统一协调的管理，还体现在职业教育经费的盲目使用上，除了农民培训经费的部门需要财政支持外，其他部门也有自己的培训任务和经费来源。中央和各级财政投入农民培训的一大块资金就像切蛋糕一样切割给多个部门，各个部门的培训资金标准和使用方式各自为政，部门利益倾向严重。资金量大利益高的培训，各部门都抢着去做，资金量少或没有资金的培训都敷衍了事。❶

3. 职业教育培训体系缺乏有效的评价机制

我国目前的体制仍处于改革阶段，部分环节仍存在只重视业绩，而不顾实际的工作开展过程。这个现象也出现于农民职业教育培训体系中。在政府政策主导、基层部门的具体政策的落实下，部分职业教育培训机构只追求在一定时间内完成一定数量的农民职业教育培训工作，而教学成果到底由谁来检验呢？正是由于职业教育体系缺乏科学合理的评价措施，只注重结论数字的统计而忽略了培训工作的实际成效。甚至在部分地方出现了“虚假培训”，如农民技能培训活动仅仅是培训机构要求农民到教育场所签到、拍照，然后发给农民小额钱款或者纪念品作为补偿。这种行为是绝不允许出现的，也是日后相关部门一定要加大关注的重点。想要杜绝这种现象，就需要建立起完善的农民职业培训成果评价体系。

（三）地方政府的教育经费投入不足

1. 教育经费的投入不能满足农民的需要

影响职业农民教育工作的因素除了要从农民身上找之外，还有从管理者的教育去找问题。农民职业教育培训能否顺利高效地开展落实，基层政府的所作所为是其发展的关键。随着我国整体经济水平的提升，各个经济区域的经济实力也发生了翻天覆地的变化，各地方政府对农民职业教育培训重要性的认识也得到了提高。从整个社会的角度来看，农民职业教育培训受到了越来越多的关注与重视。

虽然农民职业教育的关注度有所提升，但是基层政策的行为却让不少农民认为地方政府并没有对农民职业教育问题上心。表3-8为地方政府对农民人力资源开发的重视程度调查。

❶张亮.我国新型农民培训模式研究［D］.河北农业大学，2010.

表3-8 地方政府对农民人力资源开发的重视程度调查表

选项	小计/人	比例/%
非常重视，积极主动，工作卓有成效	110	38.46
比较被动，有一定效果但不明显	132	46.15
敷衍了事，流于形式，没有实效	28	9.79
（空）	16	5.59
本题有效填写人次	286	

通过分析表格中的数据，我们看到地方政府为农民职业教育所做出的行为得到了部分认可，即38.46%的农民认为地方政府对农民职业教育培训很上心，得到了“非常重视、积极主动”的评价，但我们依旧不能忽视有46.15%的农民认为地方政府并没有对农民的培训工作上给予过多的关注，得到了“比较被动，有一定效果但不明显”的评价。在这些调查者中，甚至有9.79%的人认为地方政府完全没有把农民培训工作当作是政府的一项重要工作，得到了“敷衍了事，流于形式，没有实效”的评价。

为什么有这么多农民认为地方政府对农民职业教育培训不重视，敷衍了事呢？主要原因还是在于地方政府的财政支持对农民职业教育培训投入太少，直接影响了农村职业教育机构办学环境的改善，从而间接影响了职业教育机构办学的积极性，农民参与培训意愿也就无从提高。甚至在不少的乡镇社区教育中心出现了农民职业教育培训经费严重不足的现象，这都是制约当地职业农民教育工作开展的因素。

为了得到更为翔实的数据结论，我们为此做了有关职业教育培训机构开展农民职业教育培训经费满足情况的调查（表3-9）。

表3-9 职业教育培训机构开展农民职业教育培训经费满足情况调查表

选项	小计/人	比例/%
完全满足需要	31	10.84
基本满足需要	126	44.06
严重不足	108	37.76
（空）	21	7.34
本题有效填写人次	286	

调查数据表明，现阶段地方政府对于农民职业教育的投入情况远远不能满足实际培训工作的开展。认为现有的地方政府拨款完全能够满足培训需要的人仅占总调查人数的10.84%，认为严重不足的调查者比例却高达37.76%。

2. 教育经费的投入不能满足教育机构的发展需要

我国一直很重视教育工作，近年来也把教育改革作为我国体制改革的重要环节，虽然成人教育经费和社区教育经费都早已在政策的要求下列入了地方财政预算之中，但实际的教育经费人均很少，甚至有的地方还不足1元，这样的标准早已不能适应新农村建设对现代新型农民职业培训的实际需求。

虽然有些省市为了提高区域内农民职业教育培训的水平，为部分项目实施了政府全程买单的策略，如地方政府出台了"农村劳动力转移培训贴补金制度""农村劳动力职业技能鉴定获证奖补制度"等。与此同时，部分地方政府还积极扶持职业技能的培训机构，通过免费或减收培训费的方式来提高当地农民参加培训的积极性。但是一部分农民并不买账，甚至希望地方政府能够开展免费的技能培训，每天发一定数量的培训补助费等。由此可见，如果各类职业教育机构想要提高当地农民参加培训的积极性，就要自掏腰包，花费大量的资金去补贴职业教育工作。如果此时地方政府给予职业教育机构的经费出现不足，那么职业教育机构的办学积极性与农民参加培训的积极性都会受到巨大的影响。

综上所述，地方政府对农民职业教育的投入经费不足，影响了职业教育机构内部教学设施的改善。甚至有不少乡镇的社区教育中心反映现在教育机构所使用的教学设备都是从上层的学校淘汰下来的，电脑都是从普通素质教育学校开展更新换代之后留下来的，这些教学基础设施都超过本身的使用年限，质量自然就很差，教学效果不言而喻。上述这些问题影响了新型留守农民以及当地现代农民对新技术、新理念的知识学习与农民专业技能的提高，农民群体的整体职业素质也就无法得到进一步提升。表3-10为职业教育培训机构开展农民职业教育培训设备、场地建设调查情况。

表3-10　职业教育培训机构开展农民职业教育培训设备以及场地建设情况

选项	小计/人	比例/%
比较充分	54	18.88
基本满足教育和培训需求	148	51.75

续表

选项	小计/人	比例/%
很少或没有	68	23.78
（空）	16	5.59
本题有效填写人次	286	

由上表可知，只有少部分调查者认为培训设施“比较充分”，其比例占该调查总数的18.88%；部分调查者则认为教学设施“很少或没有”，人数占被调查总数的比例却高达23.78%。由此可见，培训设施数量不足、质量落后的问题直接影响了各个地区农民培训工作的开展。

对各类职业教育机构的管理者进行的基础设施以及经费投入情况问卷调查（表3-11）可以看出，认为基础设施与经费投入“非常缺乏”的管理者有9人，占到了调查总数的10.8%；认为“基本满足需要”的调查者是32人，占总调查人数的38.6%；而认为“部分专业能满足需要”的管理者则有40人，占总数的48.2%；认为“完全能满足需求”的管理者有2人，仅占2.4%。

表3-11　管理者对基础设施和经费投入现状的评价

评价	小计/人	比例/%
非常缺乏	9	10.8
基本满足需求	32	38.6
部分专业满足需求	40	48.2
完全能满足需求	2	2.4
合计	83	100.0

由此可见，大部分职业教育机构的管理者都认为基础设施与经费投入非常缺乏的比例远远超过了少数管理者认为完全满足需要的比例。

3. 教育经费的盲目使用

除了教育经费不能满足农民与教育机构的需求外，教育经费的乱用也是导致现有教育经费不足的重要原因之一。部分农村基层领导把仅有的农民教育资金挪为他用。农村社会发展归根结底是农民的发展，农民的受教育水平是实现农村现代化的关键，只有农民教育达到高中或高等职业教育的水平，才能提高农村的劳动效率，从而推动新农村的经济建设。显然，目前农民教育资金的低投入制约着农民文化水平的提高，进而制约着农村社会的发展。

（四）教育培训师资队伍存在问题

教师是教学过程中最为重要的对象之一，教师队伍的建设将直接影响教学的整体效果。农村教育一直是我国教育难以拔起的“深刺”，乡村教师数量的不足也是其中一大重要问题。

目前，从事农村义务教育的教师的数量虽然随着国家政府的积极引导以及教师自身观念的转变出现了逐步上升的趋势，但是从事职业农民教育培训的教师还是存在数量、质量不足等基本问题。师资团队的质量会直接影响职业教育培训质量，教育机构的师资团队建设无法满足其发展的基本需要。

1. 职业教育的专职教师数量明显不足

职业教师数量的不足是最直接、最根本的师资团队的建设问题。部分地区出现职业教师数量不足的问题主要是受到了编制方面的影响，一些成人教育机构只有仅仅几个管理人员作为学校的管理者，甚至没有专职的教师开展培训工作，就连兼职的教师数量也是很少。职业教师的数量如果存在不足，就难以保证职业教育机构能够满足正常培训教学的需要。管理者对师资队伍现状的评价调查结果见图3–5。

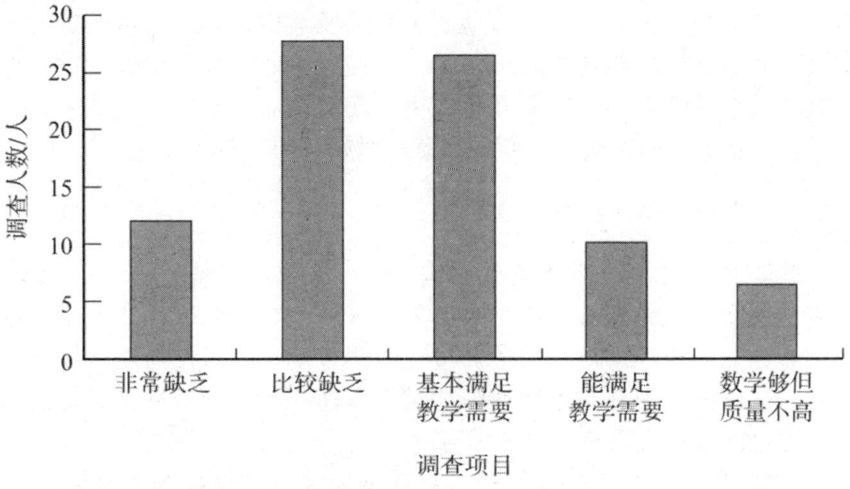

图3–5　管理者对师资队伍现状的评价

通过分析上图中的数据，我们可以看出，各类职业教育机构的管理者其实也意识到了师资队伍建设对于整体职业教育质量提高的重要性，同时对自身教育机构的教师队伍的建设情况表示了无奈与不满。在实际调查结果中，有14.5%的管理者认为师资“非常缺乏”；而认为“比较缺乏”的管理者人数占该调查总数的比例高达33.7%。如果我们把以上这两个数据相加的话，它们占到了被调查总人数的48.2%。反观，认为教师队伍建设大体满足教育机构实际需求的人数占到了被调查管理者总数的51.8%，其中认为师资团队“基本满足教学需要”的管理者人数的占32.5%；而认为“能满足教学需要”的管理者仅占12.0%；认为“数量够但质量不高”的管理者占总体的7.2%。

2. 职业教育的教师质量不高

除去职业教师数量不足之外，职业教师的质量不高也是影响师资团队建设的主要因素。教师是知识与技能的直接传授者，如果我们的教师既不具备全面的综合素质，也不具有专业的职业素质，那么他们在实际的培训工作中就会出现各种各样的问题，具体如下。

（1）教师自己对所教授的内容不理解，培训的效果自然也差。

（2）教师没有丰富的教学经验，面对各种突发的提问，无法积极应对，给学员留下不好的印象。

（3）教师无法将理论与实践结合起来，只是在课堂上泛泛而谈，那么学员自然也不能把培训中获得的知识与技能运用到农业生产中去。

除了专职教师的质量存在不足，大部分兼职教师也有质量问题。因为，这些兼职教师多来自于当地的土专家及“田秀才”，虽然这些人具有丰富的农业生产实践的经验，但是没有经过专业的教师培训，更不懂正确高效的教育教学方法，职业教育机构也没有针对部分“低素质”的兼职教师进行严格的管理措施，从而导致兼职教师的质量低下。

3. 兼职师资团队状态不稳定

兼职教师对农村职业教育来说又是不可或缺的角色。因为专职的教师少，那么兼职教师就要承担大部分社区的教育教学工作。但是，社区教育中心在对兼职教师进行聘请的过程中又呈现了随机性与随意性的特点。所以，社区教育中心与兼职教师之间没有建立起一种长期又稳定的合作关系，这也就导致兼职师资团队不稳定。

一般来说，兼职教师会根据教育培训课程的增加与删减来进行人员方面的流动，一次性授课都是常态了。如果社区教育中心的兼职教师队伍变动大，变化快，具有不稳定性，那么职业教育机构也就无法建设起一支具备高素质的社区教育师资队伍，从而也就无法提高社区教育整体教学的质量。

4. 师资管理团队能力不足

部分基层部分的管理人员缺乏文化知识与政治修养，如教育理论、教育实践等方面的专业知识；对新时期党的路线、方针、政策等缺乏深刻的理解和认识。缺乏理论知识的支持，自然也就没有实际应用能力。互联网在农村地区的兴起，促使农民获取信息的方式与渠道日趋多样化，尤其是外出打过工的农民的思想很活跃，观念很新。因此，现阶段农民对信息和知识的把握不管在量上、质上还是时间上都可能会出现领先于农村工作者的情况。但是农村工作者却因为经验不足，政治理论水平不高，且工作中过于凭借主观办事，面对职业教育出现的新问题新情况也无法解决，无法对农民提供有效的指导，他们的权威性和话语权必然受到农民越来越多的质疑。失去了农民信任的职业教育组织机构，自然也无法吸引更多的农民前往参加培训。

现阶段不少基层管理人员的教育方法简单，经常搞形式主义。下发文件、阅读报纸却不指导农民如何去解读相关政策。在媒体快速发展的今天，基层管理人员却不能很好地利用当地媒体对农民开展政策方面的教育。当前基层管理人员的教育方式依旧是说教式的灌输，这已经不符合素质教育的基本要求了。

在教育内容方面，不少教育机构还在采用政治教育代替思想教育和道德教育的方式，从而导致政治教育、思想教育、道德教育都没有取得预想的效果。封建迷信和宗教势力抬头，非法宗教、伪科学等不同程度地大肆蔓延。尽管乡、村文化站、党员活动室、群众之家等都存在，但是也仅仅是形式上的存在，缺少了实质上作用的发挥。乡村文化阵地建设的落后，教育功能的弱化，使农民的文化生活依然没有摆脱贫乏的状况。

三、培育环境存在问题

正如外界环境会制约内部事物的成长，政策环境与社会环境也是影响职业农民培育的重要因素。当下，无论是各省市制订并要求落实的地方培育计划，还是新农村社会发展的现状，都有等待完善处理的问题。这些问题如果无法解决，那么职业农民的培育将无法走出环境带来的局限。

（一）政策环境方面

1. 地方制订的相应制度存在缺位

在国家政策的支持与引导下，部分地区为了落实推进农民职业教育的培训工作，决定从制度配置、政策创新这两个层面来逐步开展工作。

但是地方在制订相应制度的时候，还是会存在一些缺位现象，如制度配置的不足。制度是工作开展的基础，如果其制度存在不足就会制约农民职业教育培训工作的进一步开展，从而严重影响培训机构开展农民职业教育培训以及农民参与培训的积极性。

制度的制订是为了具体政策的颁布与落实。根据我国现有的社会发展水平以及人们具备的综合素质，全社会上下都还没有自觉、主动地提供教育机会和接受教育愿望。在这种社会大背景的影响下，国家想要利用好社会中不同的力量来推动农民职业教育的培训工作，并且提高社会各界人士对于新型职业农民培育工作的关注度，就必须依靠国家颁布相应法律法规来强制实行农民职业教育的培训工作。

到目前为止，除了部分省市区外，一部分地区还尚未制定出有关农民职业培训的相关法律法规，进而这些省市也缺乏对农民职业教育培训中组织管理、资金投入等多个方面的法律法规，同时政府对于教育的管理部门、各类职业教育机构、指导专职教师的激励以及对主动参与技能培训的农民进行扶持等配套政策也很欠缺。

2. 地方落实的相应政策存在缺陷

制度的制定与政策的落实是一对范畴，即便是再完善的上层制度规定，如果基层无法切实有效地落实政策，那么开展农民职业教育培训实践也将成为空话。目前部分地区的农民培训方面的政策落实不到位，主要体现在以下几个方面。

（1）职业教师的编制未落实。

各大地区的职业教师的编制政策都已经陆续出台，其意义就在于大力促进城市教师向乡镇流动，利用各种补助手段激励基层教师参与职业教育的工作。但是，教师编制的政策在部分地区没有得到确切地落实，甚至有的职业教育机构只有一名专职教师，远远达不到原国家教委颁布实施的《示范性乡（镇）成人文化技术学校规程》所规定的“学校专职教师要按当地总人口的万分之二的比例配备”中对学校任职教师数量的基本要求，就更不必说这个数值是否达到了部分乡镇所要求的专职教师数量要按当地总人口的万分之一至万分之一点五的比例配备。如果职业教师的编制无法落实，那么基层教育机构的师资队伍也将无法开始建设与发展。

（2）人均经费政策未落实。

近年来，大部分乡镇地区的人均经费依旧存在没有落实的现象，也远远没有达到省市出台的相关规定中要求的“农村成人教育经费定额按年人均0.5元以上，由县（市、区）政府筹措和统筹安排”。

由此可见，人均经费的不达标，不仅体现在地方政府的教育投入不够，还体现在政府制定关于提高农村人均经费的相关政策没有得到有效地落实。

（3）“先培训、后就业”的培训政策未落实。

“先培训、后就业”政策是国家为了保障劳动者的权利而制定的相应政策。虽然这个政策与新型职业农民的培育工作没有直接的关联，但是“先培训、后就业”政策体现在乡镇教育机构的教师队伍建设中便是提高在职教师综合素质的“利器”，一些能力不足的教师可以通过教师培训提高自己的教学水平。这样，在对学员进行技能培训时，也会更加得心应手。

然而，这项政策在很多农村地区都没有得到真正的落实。根据一些实际的数据调查，我们发现农村大部分企业都不愿意让员工在入职前参加专业的培训，这严重违反了《国务院关于大力发展职业教育的决定》中关于“用人单位招录职工必须严格执行‘先培训、后就业’‘先培训、后上岗’的相关规定”。同时，一些基层教育机构也没有对招聘上来的兼职教师进行入职培训，从而导致了后续兼职教师的质量低下问题。

（4）职业教育培训机构的地位尚未落实。

职业教育培训机构的地位尚未落实也算是部分地区所出现的重大问题。

根据一些调查结果来看：部分农村成人教育机构的法人地位尚未落实。不少地方的职业教育机构需要挂靠在中小学上，并没有独立的法人地位。甚至出现了少部分乡镇的职业教育中心没有独立的教学场所，其中一部分是普通中小学合并之后多余的教学空间，还有一部分是在普通中小学的教学场所内直接简单设立一个办公室，在周末的休息时间和晚上的空闲时间利用中小学的教室开展培训工作，而没有归属自己的培训场地。

（二）社会环境方面

1. 城乡二元结构影响

城乡二元体制是指在经济、行政和社会管理的制度或政策安排中，按照城市和乡村的行政区加以不同地区的分割，并采取不同的要素进行资源配置和社会管理的一种制度。城乡二元体制对新型职业农民培育的影响主要表现在以下几个方面。

（1）城乡二元经济体制加速传统守旧意识的传播。

城乡二元经济体制把农民牢牢限制在农村，尤其受户籍制度和就业制度的限制，农民不能自由地迁入城镇，更不能自由地选择农转非形式。城乡二元分割体制限制了劳动人口从农村向城市持续、稳定和温和地转移，从而剥夺了农民变换身份的自由，延缓了我国城市现代化进程。大多数农民终身从事着无法选择、不能随时变动的农业生产；很多农民只好无奈地滞留在农村，除非有较好的机遇，否则难以脱离开农村，融入城市生活中并在城市定居下来。这种分割体制所造成的结果就是，束缚了能吸纳较多劳动力的第三产业的发展和劳动力市场的发育，增加了农村富余劳动力转移成本与求职风险，阻碍了农村劳动力素质的提高，从而导致农村人力资本的低水平积累。同时，这种二元分割体制束缚了农民个人的发展，限制了他们的就业空间，从而使农民传统守旧意识在农村的土壤中得以增强。

（2）城乡二元经济体制忽视农村教育。

城乡二元经济体制偏重城市教育而忽视农村教育。农村与城市存在着很大的差异。农村文化建设财政投入刚性不足。尽管城乡之间，名义上都是实行九年义务教育，然而在农村，一些人因为经济贫困等原因，实际上无法读完初中的课程。综上农村教育发展长期滞后，不仅延缓了新农村建设的进程，而且农村的落后失去了对职业人才的吸引力，导致大量人才集中在城市而不流入农村，这也是农民整体素质长期低下的重要原因。

（3）城乡二元经济体制阻碍现代观念的培养。

城乡二元分割的体制人为地在城乡之间树起了一道无法逾越的鸿沟，我国农民长期被阻挡在工业化和现代化的进程之外，变成了单纯的工业化发展所需要的廉价农产品的提供者，从而制约了农民思想道德素质、科学文化素质的提升。[1]

2. *农村基础设施薄弱*

中国共产党第十八次全国代表大会指出，推动城乡发展一体化必须坚持把国家基础设施建设和社会事业发展重点放在农村，全面改善农村生产生活条件。农村基础设施建设是实现城乡一体化发展的重要内容和物质基础。完善农村基础设施建设，关系到促进现代农业发展，关系到扩大国内需求，关系到农村全面进步和农民全面发展。农村基础设施建设的主要内容包括农业生产性基础设施建设、农村生活基础设施建设、生态环境建

[1] 宫敏燕.新农村建设中新型农民培育问题研究［D］.陕西师范大学，2012.

设、农村社会发展基础设施建设四个方面。

农业生产性基础设施主要指现代化农业基地及农田水利建设。我国农村地区的水利设施的建设工作尚未全面普及，这也就导致农田依旧容易受到自然灾害的影响，影响作物的收成。农村生活基础设施建设主要指饮水安全、农村电网、农村道路、农村沼气等基础设施建设。目前部分农村地区还存在着拉闸限电现象，农民的用电问题依旧没有得到有效解决。同时，部分贫困区域的农民还没有喝上安全卫生的饮用水。虽然部分农村地区的生产力有所提高，但是作物却无法有效运输到市场，公路建设不足是限制因素。农村的沼气工作建设进度也较慢，部分农民还没能用上清洁卫生的能源。生态环境建设主要指天然林资源保护、湿地保护、退耕还林等生态工程建设，这些问题既影响农民当前的生活，又影响社会的长远发展。农村社会发展基础设施主要指有益于农村社会事业发展的基础建设，包括农村义务教育、农村卫生、农村文化基础设施等。职业教育作为农村文化建设的重要环节，文化设施不完善将直接影响职业教育的效果。[1]

3. 农村保险体系不健全

农业保险制度是我国农村金融体系改革的重要内容，也是支持和巩固农业发展的重要基础。农业保险主要服务于农业、农村和农民，为农业生产经营过程中由于自然灾害或意外事故等因素造成的经济损失提供一定保障，在化解农业经营风险、保障农民收入完善金融政策等方面发挥重要作用。目前，我国农业经营主体的培育工作正陆续开展，针对农业经营主体存在的融资贷款难问题国家一直在着力解决，但由于我国农业保险制度尚不完善，农业保险发展滞后，保险业务种类缺乏，覆盖范围较窄，难以有效保障农民利益、规避农业风险，对农业融资贷款政策的完善具有一定影响，从而制约着农业经营主体的发展。[2]

4. 农村金融供给不足

农产品价格的波动对农业生产也有较大影响，使农民的收入十分被动；农业的生产对自然条件具有极大的依赖性。自然灾害会对当地的农业生产经营产生极大的消极影响。正是由于以上种种农业生产的特点，农村金融的服务由此产生。虽然农村金融方面自改革开放后经历了数次改革，但我国农村正规金融的供给还是严重滞后于需求。这也是制约我国农村和农业发展的重要因素之一。传统农业是小规模农户经营，对资金的需求比

❶高岳峰.马克思主义农村发展理论与社会主义新农村建设［D］.武汉大学，2014.

❷李伟.新型职业农民培育问题研究［D］.西南财经大学，2014.

较小，可以进行民间借贷。但在现代农业中，新型职业农民对于农田的需求是大面积的，无论是创业还是农业的生产经营都需要较大的资金运转。因此，提升农村金融的服务水平，加快农村金融制度创新，对促进农村经济的健康发展、新型职业农民的培育具有重要意义。❶

5. 农村土地流转不畅通

我国农村地区的土地问题是限制农业经济生产的重要因素之一。当前我国户均耕地面积只有6亩左右，可见农业生产活动的效率低下，因此也很难吸引高素质的青年群体参与到农业生产经营中。在我国的土地承包经营实践中，土地通常是农村人口进行平均分配。我国人多地少导致了户均耕地规模的狭小。城镇化水平的提高，给农村劳动力带来了新的收入来源，而不仅仅依靠土地获得收入，工资性收入占农村居民家庭纯收入的比重不断上升。这为我国推进土地流转提供了基础条件。但是当下社会老龄化严重，外出打工的农民越来越多，耕地抛荒的现象愈发严重。与此同时，部分种植大户想扩大种植规模却又无法租赁到土地。虽然国家很早以前就允许、鼓励和支持农民在自愿的基础上开展土地承包经营权的流转，但是土地的流转渠道并不畅通。

导致土地流转不畅的原因主要有两个：一是土地的原始承包经营户不愿意为了短期的收益而承担可能引发的土地产权丢失的风险；二是由于土地流转服务体系不健全，转入土地的经营者需要面对多个转出土地的农民家庭，不但不能保证转入土地是集中连片的，还增加了谈判成本和交易成本。如果土地流转不流畅的话，土地资源就无法得到高效的利用，农民的生产活动将会受到很大限制。❷

❶屈也.新型职业农民培育问题与对策研究［D］.湘潭大学，2016.

❷李伟.新型职业农民培育问题研究［D］.西南财经大学，2014.

第四章　发达国家新型职业农民培育对我国的启示

由于国外有些国家进入现代化社会时间较早，经济、科技发展水平较高，无论在第一产业还是第二产业都有较为成熟的生产工具与培育模式，尤其表现在农业方面，它们普遍重视农民整体素质的提高。不少国家已获得丰富的职业农民培育实践经验，拥有丰硕的理论和实践成果，对于正处在社会主义初级阶段的中国来说，通过对国外研究成果和实践经验的整理和分析，可以从中汲取有益的工作经验，从而结合我国的实际情况，更好地指导新型职业农民的培育工作。

第一节　日本与韩国职业农民培育

我们所处的时代呼唤职业农民的出现，新型职业农民不再是“面朝黄土背朝天”传统意义上的农民，也不再是过去生产工具落后、生产力薄弱，社会收入和社会地位较低的中下层群体，而是一种保证我国全体人民粮食供应，维持国家和社会稳定有序发展的重要工作岗位。

新时代，新技术的发展对新时期的农民提出了更高的要求，现阶段新型职业农民主要是指有文化、懂技术、会经营、善管理、能创新、带动能力强、极具社会责任感、具有科学文化素质、掌握现代农业生产技能，熟悉农业生产、种植、运输、管理等各个环节和流程，将农业工作作为自己的主要工作，并且具有十分可观的经济收入，基础生活水平相比过去得到大幅度的提升。

一、日本与韩国职业农民培育背景

（一）提高生产效率

为了提高农业生产的效率，除了生产技术和工具的不断更新和发展，农业从业者综合素质的提高和培育也至关重要。日本与韩国政府都意识到农民培训在开发农村人力资源、促进农村发展和实现农业现代化中的重要作用，因此日本和韩国政府纷纷采取一系列手段和措施提高农民的工作能力和水平，例如制定法律、政策扶持、质量监控、财政投入等方法来保障农民培训工作的组织、实施、监督与调控。

（二）适应生产工具的改进

随着城市化进程的加快，工业生产代替了过去传统手工业生产，机器取代了人力，解放了大批农村劳动力。因此出现了农业劳动力减少、老龄化加速、农户兼业化严重、荒地面积增加、农业总产值减少、农产品自给率低、严重依赖进口等问题。农业生产作为稳定国家生产发展的基础，解决农业问题成为当务之急。为了解决这些问题，日本和韩国普遍重视农民素质的提高，他们深刻认识到，要解决这些问题，必须培养一批懂得使用先进生产工具和技术的人才。

（三）提高农民生产技术

农民是解决“三农”问题的突破口，提高农民的业务能力和工作水平，将直接影响农村生产力水平的发展，如何才能切实有效地提高农民的综合素质？归根到底还是回归到教育培训方面。正如英国经济学家舒马赫所说，农村经济发展落后，生活水平较低的主要原因是农民知识文化层次不够，无法利用技术手段，提高生产效率，获取最大化的利润收益，因此，国家与政府除了在政策、财政、技术等方面对农民给予援助，还需要提供农业生产的知识与技能援助。

美国经济学家舒尔茨也主张通过对农民的教育来促进农业生产，推动农村建设。他认为，可以专门针对农村劳动者建立专业性的培训学校，从而进行知识再教育和技能培训，把知识扩展到更大的范围，最终提高劳动者的生产率。[1]由此可见，在推动农业现代化发展的进程中，国外许多专家学者都十分重视职业农民的培育。

二、日本与韩国职业农民培育主要做法

虽然我国农耕历史悠久，但大多是一家一户的个体耕作方式，而且生产工具落后，未形成规模化、机械化的运营，极易受到环境天气的损害，这就导致我国农业生产效率不高，农民收入较低，而我们的邻国日本与韩国国土地形以丘陵、山地为主，虽然不利于机械大规模化种植和生产，但形成了较为完善的农民培训体系，不仅能够保证本国的基本粮食需求，还能创造出巨大经济效益。因此我国在培育新型农民的过程中，可以充分借鉴日本和韩国优秀的农民培养经验。

（一）日本

随着世界范围内经济结构的调整，高收益、高附加值的产业主要集中

[1] [美] 西奥多·舒尔茨. 教育的经济价值 [M]. 菖延亭，译. 长春：吉林人民出版社，1982.

在第二产业与第三产业之中，因此许多国家在农业现代化的过程中都面临人才短缺的危机，包括日本、韩国等。为了应对这一问题，政府普遍做法是重视农民素质和从业能力的提高，注重建立新型职业农民培训体系，使新型的职业农民能与先进的生产技术相匹配。

在农民培育过程中，政府高度重视，除了通过法律法规、政策扶持、资金支持等方式保障农民培育工作的顺利开展与实施以外，各类职业教育培训机构也应积极改革创新，通过完善自身的体系、提供农民所学的培训内容和方式、加强师资队伍建设等方法来提高培训的效果。

日本作为亚洲地区经济最为发达的国家之一，其农业生产技术一直位居世界前列，究其原因，主要是日本高度重视农民基础培训工作，并且发挥政府主导，各地区、各部门相互分工与协作，共同推进农民培训工作的引导功能，建立了一套切实可行、科学合理的农民职业教育体系。该体系包括高中教育、继续教育、技术普及教育、国内外研修制度等教育项目。

1. 农业高中教育

日本的农业高中教育是由日本中央政府行政机关、文部科学省统筹安排，该教育项目主要以培养与农业工作相关的个体自营农业工作者和农业技术者为教学目标，这是培养新时期年轻农民的主要渠道之一。

农业高中教育覆盖农业教学项目种类丰富，不仅包括农业基础种植课程，还包括园艺花卉、水产养殖、牲畜圈养、农副产品加工、农业机械化修理与操作等培训课程，充分满足了新时代农业发展各个方面人才的需求。

除此之外，学生们在学校里完成高中教育课程之后，学校会颁发由政府签署和认可的农业职业资格证书，该资格证书如今已经成为日本民众普遍接受和认可的基础农业从业条件证明。

2. 农业继续教育

相比较于农民高中教育，日本的农业继续教育主办机构涵盖范围更加广泛，并且形成了由政府主导（农林水产省）、地方机构（农业大学校、道府县立农业大学校）和民间组织（民间进修培训机构）相互配合培训的模式。

1968年，日本中央政府任命农林水产省与地方政府，在道府县创办农业大学校。该培训学校并不是面对全社会无门槛、无条件地招生，而是具有严格的入学限制，如接受农民继续教育的农业人群，必须具有一年及以上的农业工作经验，并且在30岁以下，具有高中及以上学历，在未来人生的职业生涯中都将农业工作作为自己的第一职业，才能申请农业继续教育项目学习。

虽然该培训项目对农业从业者提出了一定的限制，但其已经初步形成了较为科学的培训流程，包括参加农民继续教育的学生，必须学满三年；邀请农业种植、技术专业人员来到学校担任主干教师，讲授农业实际工作中出现的问题和要点；明确规定学生在校学习期间需要参与由政府统一安排的将近十个月的实习工作，包括在国内农业生产第一线工作九个月，考察学习其他国家农业生产工作一个月。

农民继续教育通过系统的培养方式，不仅使学生可以学习掌握农业基础知识和理论，而且十分重视将学生们所学到的知识投入到实际生产过程中，与此同时，通过派遣学生出国考察和学习其他国家成功的农业生产经验，也有助于日本本国农业从业者树立国际化意识，紧跟国际发展趋势。

除了由农林水产省主办的农业继续教育大学校之外，道府县本地也积极创办农业继续教育大学校，虽然政府性的农业继续教育的培养资金也是由水产省资助，但其培养模式与农林水产省主办的农业大学校具有显著区别。首先地方性农业大学校一般设有培养部、进修部和研究部三个部门，每个部门的培训对象和培训目标也各不相同。

其中培养部主要招收高中毕业生，学习时间为两年，学生需要生活在学校里，共同学习。进修部主要招收当地一线农业工作者和青年农民，教学内容会依据不同农业工作者实际的工作内容和需要，确定具体的教学培训内容，属于短期的农民职业培训项目。

研究部主要招收培养部的毕业生，旨在从一线农业工作者和青年农民中培养适应现代农业发展的经营管理者，学习时间为1至2年。

道府县管理的农业大学校与农林水产省管理的农业大学校最大的区别是，前者的培训内容十分重视与当地农业发展实际情况相匹配，重点解决当地农业发展的实际问题。

3. 国内外研修制度

除了由政府主办的农业教育培训项目之外，20世纪60年代初日本的民间组织全国农村青少年教育振兴会也创办了农业职业教育培训项目，该项目名为“国内外研究制度”，是由该组织的社团法人资金赞助。

该培训项目的主要目标是，把年龄在三十周岁以下的农业工作者，派遣至日本国为各个具有专业“农业从业资格证”的农户家里或生产单位和企业中，展开为期三至六个月的实际工作和学习，跳过学校课堂上长期的基础知识学习，旨在让学生直接在实践中快速掌握最新的农业生产技术和工具。

日本作为一个十分重视学习和模仿国外优秀农业培训经验的国家，早在20世纪50年代，就把本国优秀农业工作者安排至欧美等发达国家农场中学习农业技术和经验，学成之后，再把成功的经验和模式应用于本国农业生产工作中，并取得显著的成果。

（二）韩国

韩国作为20世纪亚洲经济快速增长的经济体之一，其农业职业教育也取得了骄人的成绩。

1. 制定法律

韩国高度重视农民职业教育工作。为此政府提出发展现代化农业生产的目标。在20世纪60年代，韩国经济快速增长，使得产业结构发生重大变化，大量劳动力聚集在第二、第三产业，第一产业农业从业者急剧减少，于是韩国政府出台《农业、农村基本法》，该法律中明确提出对韩国农业从业者培养的目标，加大政府财政投资，发展新型职业农民教育。

在此之后，韩国政府又制定了一系列法律条文，以保证新型职业农民培育工作的顺利展开，如在1980年11月政府特别制定的《农渔民后继者育成基金法》，对于未来从事农业与渔业的年轻专业人才给予一定的资金扶持。1990年4月，韩国政府通过了《农渔民发展特别措施法》，该法律第一次从国家层面明确了农业青年储备人才培养的重要性。1993年12月，韩国政府为鼓励大量青年人才投入国家现代农业建设和发展，将《兵役法》修改为“凡参与农渔民后继者培养项目的青年人可以免除义务兵役”。此外，政府还免除了参与农业后继者培训项目的学费和生活费用，并且提供一定的资金补助。

韩国政府的新型职业农民培训体系与日本相同，都是由政府主导，地方政府和相关部门协调配合，培训的内容以实际农业生产技术为主，知识理论教育为辅。

2. 实施农渔民后继者教育

从韩国农民职业培育的发展历程中可以看出，韩国在培育新型职业农业时，特别重视对农业青年人才的培育工作，始终把农业和渔业作为韩国农民培训的主要工作任务。

重点从农业储备人才的技术教育入手，旨在通过培养青年农民从事农业生产的技术和能力，提高农业工作者的文化知识水平，改变现代化农业生产农民老龄化现象，将农民教育发展成为与普通高校教育同一水平，注重培养现代化农业生产的经营管理人才，形成农业生产国际化、现代化模式。

20世纪80年代，韩国政府正式开始实行农渔民后继者培养项目，该项目主要分为两个阶段：第一个阶段是人才选拔，即通过政府宣传鼓励，学校教育引导，促使广大具有一定知识文化水平的青年人才投入到现代化农业建设当中；第二个阶段，是对选拔的优秀人才进行一段时间的现代化农业知识与技能培训，并对其进行考核，考核合格者安排农业生产工作。

为了保证新型职业农民培训工作中的组织实施，韩国政府不断加大对参与农渔民后继者教育培训学生的资金补助。但政府的财政资金毕竟有限，于是韩国政府通过世界银行贷款，向其他国家借助资金，发展国内新型职业农民教育，这在一定程度上缓解了国内财政资金压力。

三、日本和韩国职业农民培育经验

随着我国社会主义经济的快速发展，城市化进程的加快，我国的农业生产也呈现出与日本和韩国等发达国家同样的农业生产问题，即先进的生产技术与农业从业者知识水平不匹配；耕地面积减少、环境污染加重；生产效率和机械化水平较低。此外，大量农村劳动人口开始涌入城市，新一代的年轻人不愿意再从事传统农业生产，导致我国现代农业生产青年人才储备不足，大量土地荒废。

我国自古以来都是传统小农经济的发展模式，政府协助干预较少，而韩国和日本与我国同属于亚洲国家，其新型职业农民培育工作也取得了丰硕成果，因此我国可以借鉴其发展经验，以改变我国现阶段农业发展的不足。

（一）构建农民培训政策法律体系

从日本和韩国的农民培训的经验来看，新型职业农民的培训工作最重要的一点是要从法律层面明确新型职业农民培训工作的具体实施方案和细则，形成完善的培训体系，明确各级政府和部门的工作职责，从政策和资金两个方面给予扶持，充分调动整个国家的各项资源。在农民还未能自觉主动地接受培训、社会还没能积极地提供教育机会的情形下，国家只能依靠政策法规的强制实行来提高农民培训的地位。

例如，在韩国，政府为了充分激发每个村民的主体参与性和能动性，发挥群策群力的作用，调动了广大农民的积极性。韩国政府制定了一系列法律法规，如1949年的《韩国教育法》、1960年的《农村振兴法》。随着工业与信息技术产业的发展，大量来自农村的青年，特别是拥有高学历、高素质的青年往往选择离开农村，去往城市发展。于是政府为了留住韩国农村的后备人力，实施农、林、牧、渔等后继者和专业农户的培养工程，1980年韩政府又制定了《农渔民后继者育成基金法》《农渔村发展特别措施法》等，这都为农民有效接受农业培训营造了良好的法律保障环境。

（二）通过立法保证农村从业者综合素质的提高

日本和韩国首先从法律层面上确立了农民培训工作对促进农业发展的作用，其次在法律条文中也明确规定了如何提高农业劳动者及从业人员专业素质和职业技能的水平，经过几十年的教育培训，日本和韩国农民受教育程度整体上有大幅度的提高。

具体来说，日本和韩国通过立法保证农村从业者综合素质的提高，主要体现在以下几个方面。

1. 通过立法保障实行职业资格证书制度

在日本和韩国，农民培训教育体系从根源上就已经开始着手展开。为了培养高素质的现代职业农民，首先在农民从业资格上，其把关非常严格，如将农民培训与农民职业资格证书制度挂钩。

为了促进农业的发展，提高农民的收入，对农民实施知识文化与专业技能再教育是必不可少的，由于政府面对的是整个国家的农业工作者，人口基数大，为了切实可靠、长期地培养新时期农业技术型人才，就必须具备完善的农民职业教育培训体系，根据不同农业生产的实际需要和要求，针对性地制定相配套的培训项目，使得新型农民真正实现学以致用。

首先从法律层面上明确规定了新型职业农民工作岗位需要具备相应的职业资格证书；其次在新型职业农民培育的过程中，严格把控考核机制，保证培养出符合现代农业生产要求的从业者。

2. 优良的师资队伍

教育的主体是教师，在获得国家政策、法律法规与财政的支持之外，师资力量的建设也是农民职业培训项目中需要重点解决的问题，各国师资力量的建设既注重理论教学能力，又注重实践技能和指导能力的“双师型”农民培育教师队伍的配置。

如日本就拥有一支稳定的技术推广和技术培训队伍，该队伍是由一批具有专业知识和丰富经验的农业高端人才组成，他们经常奔波于全国各个大小不同的城市和乡镇，并会在当地驻足一段时间，将最新的生产技术推广到广大农业工作者当中，并针对当地的实际生产情况、出现的问题，给予指导和解决，从根本上改变了偏远地区农业生产的落后状况，为日本农业带来显著的发展。

3. 实用的培训内容

从日本和韩国的农民职业培训项目可以看出，无论在理论层面，还是在实践层面，都倾向于对农民实践操作与应用能力的培养。具体来说，就是将现阶段最先进，最能提高生产效率的技术和工具向广大农民传授，并且注重对年轻务农人员培养，宣传教育新一代的有志青年，使其加入到国家的新农业建设当中。

虽然新型职业农民教育的最终目标是培养一批具有高知识文化水平，熟练掌握农业生产工具和技能，具有现代农业生产经济管理能力的复合型人才，但培养每一个高素质人才往往需要政府和学校大量的资金和时间投入，因此目前许多职业农民培训项目都是以短期的实践技能培训为主，注重对新型职业农业实际操作技能培养。例如，新时期的韩国农民职业教育就非常重视农民的实际操作技能的培训，并且在韩国中小学教育课程制订中，韩国政府就规定把农业生产基础知识编入中小学课堂教育教学中，许多中小学生除了在课堂上学习农业生产基础知识以外，还能够到农业生产的第一线参观学习，真正把农业基础教育作为国家基础教育项目之一。

除此之外，韩国政府不仅重视新型职业农民的培育工作，还为培育的新型职业农业提供更多的就业机会。另外，将国际和国内最新的农业生产技术和信息进行整理汇总，向广大农民群体无条件提供，并给予资金支持、鼓励和激发农业从业者进行生产工具的研发和制作。

4. 灵活的培训方式

根据不同地区自然条件的状况、国际和国内农产品市场的需求，不同农民群体多样化的个性需求，在农民职业教育与培训中，要针对不同的培训对象、层次和需求进行分类培训，提供多样化的培训方式“因人施教”。国外比较注重农业教育培训形式的多样化，尊重个性化发展，大多采取农民便于接受的培训形式。比如，韩国政府给农民极大的自主选择权，让农民根据自己的需要，选择与自身工作相对应的农业知识课程，政府并不统一安排培训项目。每一个学员可以先从政府那里免费领取一定面额的培训券，然后再使用这些培训券冲抵全部或部分培训费用，极大地减轻了农民的经济负担，激起广大农业工作者的学习积极性。

除此之外，韩国政府还采取非常灵活的培训方式，如从培训时间看，农民可以选择短期培训或者长期培训；从培训方式看，可以选择边工作边培训，也可以选择直接脱离农业生产，进入培训学校学习，政府给予资金补助；从培训对象看，有针对青年、老人、妇女等不同性别和年龄段农民的培训项目；从培训的具体目的看，有农业种植技术、养殖技术、机械操作技术、经营管理技术等不同培训项目。

5. 积极引导非政府组织参与农民培训

从发达国家的农民培育经验上来看，由于政府所管理的是一个国家政治、经济等多个方面的发展问题，并不能把全部精力和资源都投入到农民培育项目中，亟须建立一个由政府主导、非政府组织积极配合的科学、长效的农民教育培训模式。

20世纪60年代，韩国的农业发展极其落后，农村大量人口涌入城市，国家粮食储备不足，粮食供应需要依赖进口，农业工作者生活水平较低，解决温饱问题成为当时主要的社会矛盾。韩国政府发现这一现象之后，高度重视本国农业发展，通过制定相应的法律法规和推行相关政策，使得农业发展逐渐转向正轨。

除了政府的高度重视之外，韩国政府还非常注重与民间组织团体相互合作，充分调动政府和社会各界力量，发挥社会各界人士的聪明才智，调动广大人民的积极性。

日本与西方各国产业发展的模式大致相同，即除了由政府积极引导和扶持新型职业农民培育工作之外，民间团体和行业组织之间自发形成了农民协会，该协会旨在为广大农村工作者提供专业的农业生产技术指导和帮助，并且日本全国大部分务农人员都加入该协会，该协会作为一种非营利性机构，真正从广大农民群体的切身利益出发，因此得到了广大农民的支持和拥护。

（三）扩展农民培训的资金来源

一方面为了保障培训工作的顺利开展，另一方面为了吸引一批具有高知识文化水平和实际工作经验的农业从业者为广大基础务农人员进行知识培训，必须扩展新型农民培育活动的资金来源，形成以国家财政为主，企业、个人等多渠道为辅的资金来源。

1. 政策支持

开展农民培训工作需要一定的资金保障运行，从日本和韩国的资金来源来看，目前已经形成了国家财政扶持为主，地方和民间资本协助为辅的模式。当然，这里所指的财政支持，除了政府直接通过财政资金进行拨款之外，还会通过税收、银行等政策手段，为职业农民培育工作提供极大便利，如日本政府为支持个体农户从事农业生产，划分闲置土地用于农业耕种，降低或者减免农业从业者在银行的贷款费用。

2. 以财政投入为主

目前，在许多发达国家中，农民培训工作经费的主要来源还是国家财政投入，由于农业发展是维护国家长治久安的根本大计，鉴于新型职业农民培训工作的非营利性，各国政府都制定了相应的政策法规，以确保财政资金合理使用，如日本在开展农业培训项目时，政府往往负担其中三分之二的经费支出，剩下的三分之一则由地方政府和民间组织团体共同资助。早在1894年，日本政府就出台了《实业教育费国库补助法》，该法律明确规定政府每年必须对各类职业农民职业教育培训学校提供资金扶持。

1999年，日本政府出台的《粮食、农业、农村基本法》，2018年5月1日修订的《农业基本法》中，明确规定了国家对农业职业技术培训财政资金拨出数额。

韩国的农民培训项目费用百分之八十是由中央政府和地方各级政府共同承担，剩下的百分之二十由民间组织和通过国际贷款获得。正是由于来自政府和国家对农民培训项目的财政支持，才保证了本国农业技术发展的与时俱进。

3. 多元化经费筹措渠道为辅

对于农民培训工作来说，仅仅依靠政府财政的补贴与扶持还是远远不够的，而且一味地依赖国家财政，不利于农业发展建立良性的生态发展机制。因此为了确保农民培训工作拥有稳定的资金来源，韩国政府也积极利用民间组织及国际上非政府组织的资金扶持，同时主动加强与农业生产公司对接，为许多农业生产公司输送大量优秀人才；拓宽个体农业生产者农副产品的销售渠道，促进市场贸易和资金流动。

第二节　美国和德国职业农民培育

一、美国职业农民培育的内容

美国作为世界第一经济强国，其经济和科技水平一直位居世界前列，因此美国的农业发展也一直是世界各国竞相学习的榜样。美国的职业农农培训并不完全是由政府主导，主要由政府牵头，调动和利用全国优质的教育资源，成立农业专业组织，形成公立学校之内的培训和公立学校之外的培训两级体系。其中公立学校之内的培训主要是由公立和综合性大学院校组成，公立学校之外的培训则是由合作推广服务组织、农场协会等民间组织提供。

美国农民教育的起源要追溯到1862年《莫雷尔法》的颁布，该法律也称为《赠地学院法》。该法案中明确提出，联邦政府允许各州政府自行售卖土地，但要将售卖的土地用于兴办农民职业培训学校。1887年，联邦政府颁布了《哈奇法案》，该法案要求各州在发展基础设施建设时，需要建立农业发展试验站以保证当地农业发展。1914年颁布的《史密斯–利费农业推广法》，则进一步地支持和鼓励各州发展职业农民培训项目，并且从政策和财政两个方面给予扶持。自此之后，美国关于农业发展的各项法律条文不断修改和完善，保障了美国农民培训在农业发展中的重要地位。

在美国，为了更好地发展职业农民教育，成立了专业农业大学和学院。专业的农业大学和学院具有多种职能，包括可以发展职业农民培训项目，还可以起到农业技术和农机具研究、农业知识推广和普及的作用。除此之外，美国的农业大学和学院还规定，从事教学工作的教授和讲师，在完成日常的教学工作之后，每年必须要花几个月的时间深入农业生产第一线，了解目前农业生产的实际情况，并为当地的农业生产提供专业性指导。

与此同时，在农业大学和学院进行深造进修的学生，既需要在课堂里学习专业的理论知识，也需要到农场中进行社会实习锻炼，而且美国农业相关专业的毕业生，在毕业时，不仅需要修满相对应的学分和发表文章，还要将社会实践中的表现、帮助当地农业生产解决问题等作为是否准许毕业的评价标准。

虽然美国的农民培训方式可以分为两种，即公立学校之内的培训和公立学校之外的培训，但二者之间是有主次的区分，其中公立学校之内的培训由于是政府主导，无论是师资力量，还是经济扶持，都是目前主要的培训方式，而公立学校之外的培训则所占的比重较少。

因此本节将重点分析美国公立学校之内的培训模式，该培训模式的对象主要是美国准备从事农业生产或已经从事农业生产的青壮年学生和农民群体，具体的培训方式主要有以下几种。

（一）辅助职业经验培训（SOE）

通过邀请美国国内具有职业技能的专家和学者，给当地的农民群体进行农业生产职业技能培训，由于是国家主导和举办，并且授课者多是一些具有丰富农业生产知识的教师，可以让广大农民群体系统化地了解基础的农业知识，使农民群体既掌握基本的农业生产技术，还懂得农业生产经营管理。

（二）FFA培训

FFA是英语“Future American Farmers”的简称，可以翻译为“未来美国农民”。该培训模式则不仅仅局限于农民基础的农业生产知识教育，而且专注于培养新型职业农民群体的创新创业、领导协调、组织管理、团队合作等综合素质，使得新型的美国农业生产成为集约化、大型化、机械化生产方式，并且激发农民们的工作热情，让广大农民群体不局限于简单的农业生产，而是向农业产品深加工、高附加值转变。

（三）辅助农业经验（SAE）培训模式

该模式则偏向于培训学生的实际农业生产操作能力，让学生们直接进入田间生产，从而在生产中学习。并且教师不仅在课堂上向学生们传授农业生产与经营管理的专业知识，为了能够让学生更好地将学习到的专业知识用于实践，还亲自到学生所在的农场和地区，进行实地指导，以便解决学生在实践过程中出现的问题。

（四）课堂指导的农业培训模式

美国公立学校之内的培训所面对的学生主要是青壮年人群，这批群体年龄普遍不大，接受新知识、新技术速度较快，因此美国将农业基础知识教育课程也穿插在美国高中教育中，为未来青壮年从事农业生产打下基础。公立学校之外的培训，面对的教育对象则是一些年龄偏大，工作较忙的中老年农民群体，这类群体只能在农闲和晚上休息时，参与相关农业培训项目的学习，与我国的夜校基本相似。

二、德国职业农民培育的内容

从整个欧洲大陆农业发展来看，德国的农业生产和农业机械工具设计制造一直处于世界领先地位，这离不开德国政府对本国农业发展的高度重视。德国政府要求各州达到18周岁，完成基础义务教育之后，未考入普通高级中学的青年人，必须接受义务职业农民培训教育。

从20世纪50年代开始，德国为了促进本国劳动人民文化和技术水平，更好地就业，颁布了十几项促进职业教育培训的法律，如《职业教育法》《职业促进法》《实践训练师资条例》等，其中《职业教育法》被称为德国职业教育基本法，该法律较为详细地规定了联邦政府对广大人民职业教育所应该承担的责任，并且对工、商、农、木、渔、学等各个行业的职业培训项目做出了明确的规定。这些法律的颁布，极大地促进了德国劳动人民的整体知识文化水平和劳动技能的提高，使得德国职业农民教育也得到显著发展和进步。

（一）确立职业资格认证制度

德国职业教育最大的特点之一是从法律层面明确规定，农民从事农业生产工作必须经过严格的考核体系，农民在经过由政府组织和认可的学校里学习之后，再参加由政府组织的统一考试，考试合格的学生会被授予由政府和学校统一颁发的农业从业人员资格证书。

（二）“双轨制”农业教育体系

在德国的传统教育体系中，为了使德国每一个学生都能够实现人尽其才，更好地就业，德国政府采取了“双轨制”教育模式，即要求德国中小学生在完成九年基础义务教育之后，表现优异者或顺利考入高级中学者，可以进入更高学府继续深造，而无法通过高级中学入学考试的学生，也不会出现无学可上，被迫就业的状况，政府为这批学生提供了职业农民培训教育课程。

参与职业农民培训项目的学生，需要进入农业职业学校进行为期两年的农业专业知识学习，学成之后，学校就会颁发社会与政府广泛认可的农业从业资格证明，并授予农业工作员头衔。

除了两年的农业专业培训教育之外，德国政府还成立了农业专科学院，该学院与大学本科学院培养模式相同，并且在专科学院学习四年之后，学校会授予学生农业工程师的头衔，成绩优秀者，还有机会进一步申请更高层次的学习。

（三）“学徒式”培训形式

德国政府不仅重视新型职业农民专业知识的培育，同样也十分重视青年农业从业者实践应用能力，为此德国还采取了一种叫作“学徒式”的培训方式，该培训方式由德国农业部门统筹管辖，各民间农业协会和组织团体协调配合。并且从法律层面上规定，德国农业工作者在经历过两至三年以上的农业基础知识学习之后，还需要参加由政府安排的农场或家庭农户中进行“学徒式”的实践锻炼，即与当地农户同吃同住，共同劳作，学习农业生产实际操作。

除此之外，对参加“学徒”实习的学生还有时间要求，即必须学满三年以上，再通过学习期满结束后的行业入职资格考试，最终考试合格的学生会颁发合格证书，才能允许未来独立从事农业生产活动。

三、美国与德国等发达国家的职业农民培育经验

（一）提高农民受教育程度

20世纪80年代末，世界农民的平均受教育程度达到11年，而美国、法国、英国、德国等发达国家分别达到18.04年、15.96年、14.09年、12.17年；由于这些发达国家对农民知识培育的重视和实施培训项目的时间较早，现如今许多发达国家的农业生产从业者都是一批经过系统学习的大中专院校的毕业生。

德国农村教育来源于人民高等教育机构，是促进城乡平等接受教育的重要手段。培训生取得相关培训，并考核合格后，才有资格成为正式农民。德国的高等农业教育主要通过农业院校、各州农牧学院和综合性大学农学院招收高中毕业生。

（二）严格的农民考核体系

从前文对美国与德国新型职业农民培训体系的分析可以看出，发达国家虽然为广大农民群体提供了就业保障性的培训项目，但这种培训体系具有严格的考核标准，毫不夸张地说，任何进入农业职业学校学习的学生和农民群众，都必须怀着认真踏实学习的心态，不断地学习，不断地实践，最终才能顺利毕业。当然，如果能顺利毕业，并且拿到农业从业资格证明的话，农民从业人员也可以享受到较多的福利，如从事农业生产可以获得政府的政策、资金扶持，可以向银行免息贷款等。

（三）建立农民培训体系

在欧美国家中，除了德国和美国之外，法国农民教育培训体系也是非常值得学习和借鉴的。其体系主要分为三个部分：中等农业职业技术

教育，高等农业教育和农民职业培训。此外，法国政府也十分重视农民的培训工作，一直组织形式多样的长期培训指导项目，首先国家农业部成立了农民工作指导委员会，地方也成立许多农会组织，负责开展短期培训项目的实施，各省也成立专门针对农民培训的组织机构负责部分农民培训。

与此同时，法国针对年龄较大的农民群体开设了成人农业再教育培训项目，并且面对不同的年龄群体、不同农业发展方向、不同农业技术人员，法国在培训课程和内容设置上具有极大灵活性，先根据学生群体的实际需求和农业发展的现实情况，再设置相对应的培训内容。

从国际视角看，许多国家形成了具有民族特色的农民培训体系，并在实践中取得了非常明显的成效。如法国政府除了针对不同年龄层次、知识文化水平、农业发展方向设置不同的培训课程，还会通过对整个国家的农业人才分类，安排不同的工作内容和工作岗位，充分发挥每个人的聪明才智和个人能力。

美国的职业农民主要依靠农业部、农业研究教育局、农业大学、非政府组织。大量的分支机构为专业农民带来了有益的影响。各部门之间的分工既是明确的，又紧密相连。农业研究教育局负责农业研究、教育和推广。农业大学专注于教育和科学研究。非政府组织主要为该系统的成员提供教育和培训。

（四）制定法律法规

在众多欧美国家中，美国针对农业职业培训推出了一系列法律法规，如《史密斯—利费农业推广法》《史密斯—休斯法》《人力开发和培训法》等，旨在保证农业培训项目的顺利进行，并在全国范围内形成一个农民职业培训教育体系和农业生产研究体系。随着农业科技推广体系的建立，美国农民的整体科学文化素质得到了显著的提升，农业科技研究也取得丰硕的成果。

另外，英国在1982年颁布的《农业培训法》中强调对不同农业发展方向的农民进行“因材施教”，从而使正规教育与业余培训相互补充，便于满足不同层次农民的需要；德国也在2005年颁布了修订后的《职业教育法》，更加明确政府、企业和个人在农民培训中的地位和作用。

第三节 国外培养经验对我国新型职业农民培养的启示

我国政府也十分重视新型职业农民的培育工作，早在2012年就出台了《关于加快推进农业科技创新持续增强农产品供给保障能力的若干意见》，文件中强调，为促进我国社会主义农业发展转型，提高农业生产效率，需要培养一批具有现代科学技术水平的复合型人才。这类人才不仅需要懂得农业生产技术，还需要掌握农业生产管理，他们是我国农业发展向现代化发展的根本因素。

新时代的发展，人才是关键，技术是保障，为了全面提高农村劳动力素质，缩小城乡差距，促进现代化农业的发展迫在眉睫。与发达国家农业发展相比，我国无论在生产技术，还是在人才培养方面，还具有很大的差距。新时期很多年轻人涌入城市，不愿意留在农村，这深刻地说明了农业产业缺乏经济活力，农村基础设施建设尚未完善，农村劳动人口年龄呈现出老龄化倾向。为了促进我国农业现代化发展，可以充分借鉴欧美发达国家或者周围邻国先进的农业生产经验。同时可以根据我国农业发展的特殊国情，将其他国家优秀的生产和培训方法运用于我国农业发展中，以便尽快缩小城乡差距，缩小农村文化与财富、权利、吸引力之间的不平衡，鼓励城市地区广大青年回到农村，为农村、农业建设发展奉献青春，发挥聪明才智，实现人生价值。同时还有助于解决粮食自给率低下、粮食自给不足、农村萎缩、农业组织化程度较低、农业经营减少等问题。

一、我国新型农民培育的问题

（一）缺乏灵活性

由于政府包办教育，导致农民培育教育由政府统一协办，教师大都来自于各级各类学校，尤其是大中专院校，此类教师在教育教学上缺乏自主性，无法适应农业生产发展的客观情况。

（二）与市场经济脱节

学校适应市场经济的能力难以与时俱进。例如，学校缺乏外部操作和内部管理的竞争，导致效率低下，教学热情低落。培养出的农民无法适应市场环境实际的需求。因此农业生产与市场脱节等问题广泛而普遍存在，为了改变传统的教学管理体制，政府需要根据新时期农业发展特点与市场环境建立一套新型的培育体系。

二、教育与政策法律方面启示

（一）建立健全的政策法律体系

由于我国传统农业经济发展缓慢，老一辈农民大都没有接受过系统化的知识教育，导致中国农民的知识文化水平不高，进入21世纪之后，许多老一辈的农民群体无法与时俱进，不懂得使用先进的农业生产工具和科学合理的生产方法以及管理模式，导致农业生产经济效益只能维持基本生活需求，使许多年轻人逃离乡村。

因此这就需要发挥政府的宏观调控职能，改变社会公众对农民群体的错误观念，加大农业发展的资金投入，对农业从业者实施职业再教育。具体可分为以下几种方法。

1. 完善农业从业者的职业再教育制度

（1）实行免费培训制度。

政府必须主动领头，联系农业生产部门和各地区各级政府，与当地大专院校展开合作，通过财政投入，与企业展开合作，共同推行农民职业培训教育，通过提高农业人员的整体素质，扩大生产，使得农副产品向高附加值、深加工方向发展，再与当地企业进行合作，减少中间流通环节，提高农业生产的经济效益。

（2）对不同类型的农民实施专业性培训。

对留在农场的农村居民或大学毕业生、返回农村的务农人员、有兴趣从事农业生产经营和服务人群，要根据区域经济特点来设计培训内容，对他们进行生产经营理念、知识、国际贸易与竞争等方面内容的培训。

（3）树立典型，加大宣传力度。

政府可以联系当地知名媒体单位，运用新媒体手段，大力宣传新时期农民的内涵，改变人们对于农民的偏见，提高农民工资待遇，营造鼓励广大学生回归农村，扎根农业的氛围，形成全社会达成新型农民是一批具有高学历、高技术、高水平的人才职业共识，充分调动和提高农民的积极性和主动性。

2. 设立绿色证书制度

在注重对青壮年农民职业培训教育的同时，也要注重对青壮年农业的考核，如仿照欧美发达国家，设立农业从业资格证、农业经营管理许可证等。并对这些通过考核获取证书的群体给予一定的政策和资金奖励，如获得这类证书的农民，可以由政府划分土地并进行免税承包，通过银行贷款减少利息等措施，鼓励广大大学生毕业群体和农业青壮年群体从事农业生产工作，具体实施内容主要有以下几个方面。

（1）对有经验的农民进行优先培育。

在对农村地区农业从业者资格培训和考核时，优先考虑农村大型养殖户、家庭式农民、农民合作社带头人、农业相关企业领导人和农业生产专家，他们从事农业生产，迫切需要提高其知识和生产技能。

（2）吸引高素质人才投入农业生产。

大学生、农民工和返乡农民创业的退伍军人被列入新的农民专业培训项目。

（3）培育农业后继人才储备。

通过中等和高等农业职业学院招收农村志愿青年，培养一批热爱农业、了解农业的农业接班人，使新的农民专业人员与高职教育相衔接，全面提高新农民的整体素质。

（4）组织实施现代青年农场主计划。

通过培育新型专业农民，采取培育、吸引、存储的方式。经过培训，指导、创业孵化、认证管理、政策支持和跟踪服务，培养较强的创业能力和较高的现代化技术水平的青年农民队伍，从而为现代农业的发展注入新鲜血液。

3. 制定相应的农民培训法律保障

突出培训内容并提高实践的有效性。立足行业，结合实际，探索建立多层次的互动式教学与培训模式。特别是根据当地农村发展的实际情况，根据不同时期的突出问题设置专业，制定教学大纲和课件，提高培训内容的针对性和现场可操作性，提高学习效果。

（二）构建多元融资的经费保障机制

1. 扩大资金投入

农民培训工作的开展需要充足的活动资金作为保障，从欧美发达国家的农业发展模式来看，形成了以政府财政资金扶持为主，地方各级政府、民间协会组织、企业为辅的经费渠道。从我国现阶段的农业发展情况来看，目前仍然是以政府的财政支持为主。例如，首先各级政府为支持本地区农业发展预留一部分财政资金用于农业培训项目，并根据实际需要逐年增加投入。其次建立对农民职业培训的资金储备，对农民工就业创业培训进行补贴，对本地区农业生产大户，评选优秀农业生产能手，对在农业培训教育过程中表现优异的教师给予经费奖励。最后，由于我国的农业职业培训是为我国的农业发展铺平道路，它是一种非营利性的教育，与国家义务教育应该处于同一等级，应该也是一种免费、公益性质的培训模式。

2. 要多渠道筹集培训资金

除了政府的财政资金扶持之外，政府也需要积极利用农业市场中的社会资本，以便拓宽农业培训项目的资金来源渠道。例如，奖励替代法。对于积极参加农民职业培训项目的企业和个人，政府可以采取税收减免，贷款免息，医疗、住房、教育优先优惠等刺激政策，鼓励广大企业和群众参与培训项目。

三、实践方面的启示

目前，我国尚未形成统一、正规的农民培训机构，各地各部门甚至出现重复培训和空白培训的现象，导致培训效果差，农民参与培训的积极性不高，存在农民“被培训”现象。要改变这种状况，必须注意以下问题。

（一）设立优质高效的质量监控体系

1. 建立农民培训专用网络和机构

随着新媒体技术的发展，“互联网+”理念的提出，为了提高农民职业培训的效率和加强对培训项目的管理、监督，就需要建立一套便捷的网络管理平台。该平台不仅可以详细记录各培训人员的基本信息和情况，还可以科学合理地调动人、才、物等各项资源的流通。

除此之外，通过建立农业信息管理平台，可以加强政府与农民之间的联系，一方面加强农民对政府的监督，另一方面有利于农民通过网络渠道，了解最新农业发展和培训信息。

2. 整合农民培训资源

除了建立线上的农民培训管理平台之外，实际生活中农民培训机构和场所必不可少。政府可以发挥其服务管理的职能，组织广大农民群体相互聚会，共同交流农业生产过程的经验与体会。同时，也可以建立农业生产基地，邀请一批具有较高学历的农业科研研发人才，对农业生产工具和生产方法进行创新，提供农业种植生产的效率。

提高教师水平并建立教师培训数据库。新的农民专业培训应着重提高实践操作技能，教学实践活动应具有针对性、实用性和规范性。特别要定期为教师提供培训，以加强教师的知识库。同时，要培养青年教师骨干，选拔一些优秀教师参加各类培训，培养一批教学能力一流的师资队伍。

3. 引入竞争机制

可以采用向全社会公开招标的方式，对政府支付的培训项目进行市场招标，吸引各类企业和培训机构参加培训工作。将培训项目、工种和数量向全社会公开发布，并给予各类企业和广大农民充分的自主性，发挥企业和个人的聪明才智。

另外，在开展培训项目之前，一定要进行民意调查，了解目前农民农业生产过程中产生的困惑和问题，使培训项目真正做到有针对性，有的放矢，提高培训效率。

（二）创建多元兼营的办学管理体制

在农民职业教育发展过程中，农业发达国家逐步建立了以农业院校为主体，以社会培训机构为辅的农民职业教育体系，并将农业职业教育与农业教育、科研相结合。这种制度由国家计划，农业行政部门、农业机构和社会力量共同实施。

自古以来，我国便是一个农业大国，全国十三亿的人口决定了我国农业发展和农民职业培育在我国国民经济发展中的重要性。进入二十一世纪以来，为迎合经济和科技的发展，党和政府高度重视我国的农业发展和农民培育工作，并制定了一系列促进农业发展的相关政策，但由于我国地域广阔、民族众多，经济发展不平衡，并且不同地域的自然条件、农业生产状况和条件也各不相同，造成我国农业发展和培训出现了发展不均衡、教育资源不匹配的状况。

这些问题的产生是我国社会主义现代化转型过程中普遍存在的问题，是社会发展中无法回避的问题。一个国家的发展是全国各族人民共同努力的结果，是各省市地区、各级政府共同协调配合的成果。因此，从我国的国情和国家性质来看，现代职业农民的培训工作和农业发展的战略方向，在遵循国家大体方针基础上，各地区、各级政府需要充分发挥各自的主观能动性，根据客观情况和规律，因地制宜。

此外，自我国确定改革开放基本国策之后，市场经济为我国经济发展带来新的活力，但在看到市场经济调控所带来的优势之外，也要了解市场经济调节的弊端，体现在农业生产中，则是盲目地生产市场需求、紧俏的产品，忽视了农产品生产规律，造成部分农作物产量过剩，出现了滞销，严重浪费社会资源，使广大农民朋友遭受重大经济损失。这时，就要充分发挥政府在市场竞争环节中的调控职能，及时根据市场供求变化，进行市场需求反馈，同时也要鼓励农业从业者发挥自主创新能力，减少不必要的政府行政干预环节。

（三）改变新型农民的社会环境

好的政策和措施的实施，离不开整个国家和社会良好的环境支持。从宏观环境来说，为培育新时代职业农民，促进我国现代农业的发展，还需从国家和社会两个方面着手。

1. 确立土地流转和稳定的土地使用权制度

农业生产的基础包括两个方面，即土地和农民，政府与国家如何合理地分配土地，需要从法律上规定农民承包土地的实施细则，完善农民土地承包制度，使农民真正能够通过农业种植和发展获得经济效益，提高生活质量，但目前出现了农民向工商业资本转移趋势，其主要原因如下。

（1）高价粮食生产的正常运行难以保证。

（2）随着社会整体经济水平的发展，劳动力价格上升，劳动力成本提高，导致农业经营者运营成本加大。

（3）农业资本向工商业资本转移，可以在短期内快速获得经济收益，并且收益较农业经营效益更高。

2. 充分的社会尊重

培育新一代农民，吸引广大的知识分子回到农村，建设农村，发展农村，是我国农业发展的重要途径。农业的发展离不开人的作用，但如今从我国社会发展的进程来看，许多农村人口涌入城市，农民这一职业无论是薪资收入，还是社会地位都处于社会中下层。因此国家在大力发展社会主义新农业的过程中，除了在科技创新、人才培养等方面加大投入比重，还需要向全社会呼吁农业工作的重要性，改变人们对农业和农民工作的偏见，尊重农业工作者的工作，营造出适合现代化农业发展的大环境，具体措施可以分为以下几种。

（1）增加农民收入。改变以往一家一户的小农生产模式，提倡土地承包制，使农业生产向规模化、集约化方向发展，采用技术化的种植模式，提高农作物的产量，减少病虫和自然灾害。

（2）建设现代化农村。发展生态农业，完善农村基础设施，满足农村工作者正常的医疗、教育、文化需求，缩小城市与农村发展的差距。

（3）提高农业人才选拔标准。从国家层面重视农业人才的选拔，鼓励优秀大学生去往农村工作，加大宣传，改变人们对于农业工作的错误观念。

（四）充分发挥农村非政府组织的积极作用

现阶段，我国许多农民对“非政府组织”“民间组织”“社会团体”和“合作组织”缺乏了解和认同，不知道这些组织的具体工作内容和功能，因此要发挥非政府组织的作用，必须注意以下问题。

1. 改变观念

要加大宣传力度，让农民充分认识这些非政府组织概念的意义、性质和作用。让人们也认识到，非政府组织的发展是政府和农民的助推剂，有利于更好地保护农民利益，实现高效政府治理。

2. 简化创办程序

现行的管理法规对民间组织的创办门槛过高，程序繁杂，限制性条件太多，耗时太长，对于文化程度不高，农民社会关系不够广的农民来说，他们只能望而恐之。因此有必要借鉴国外非政府组织的管理经验，简化创建程序，形成具有中国特色的管理体系。

3. 制定相应的法律法规

农村非政府组织的发展需要完善的法律法规保障。政府要尽快制定一系列政策法规，积极引导，保证农村非政府组织快速健康的发展。国家要加强研究制定民间组织管理的统一法律，明确法律地位、主体资格、注册和设立、活动原则、资金来源、税收待遇、监督管理等方面的规定，为法律和政策提供了基本的法律依据。

4. 创新体制

农民组织意识淡薄，组织观念薄弱是当前影响农民组织发展的主要障碍，为了推动农村非政府组织发展，维护农民合法权益，需要通过思想教育、法制宣传、示范引导等方式，不断改变农民的组织观念，培育农民的组织意识，从而促进农村非政府组织的快速发展，并把它作为解决“三农”问题的主要办法。为了保持农村稳定，保护农民权益就必须加快政府特别是地方政府的制度创新，彻底打破权力过分集中的传统政府管理体制，打破政府对公共物品的垄断形势，将把一些公共服务职能转移给社会和企业，政府要发挥引导作用。

第五章　现代生态农业视域下新型职业农民培育内容

现代生态农业视域下新型职业农民的培育是非常关键的，直接关系到农业生产力与农村经济的发展，因此新型职业农民培育内容需要进一步确定并完善。

第一节　新型职业农民培育内容

一、新型职业农民培育动机

我国在2014年提出了关于农村改革的具体要求。对新型职业农民培育工作进行加强，强化农村改革是现代农业发展的重要环节。

首先，是保证国家粮食安全的迫切需要，同时也是保证农产品供给的迫切需要。我国头等大事之一就包括解决13亿人口的粮食问题。从2004年至2013年，我国的粮食生产已经实现了“十连增”。但是一些主要农产品的供求还是处在“总量基本平衡、结构性紧缺”的一个状态。随着我国人口的不断增加、人们消费水平的升高、农产品工业用途的扩张，我国的农产品需求一直在增长。只有通过培育新型职业农民来调动农民们的生产积极性，才可以提高农民的整体素质，农业的问题才可以较好地解决，这样一来粮食安全问题才不需要担心。

其次，是推动现代农业转型和升级的迫切需要。目前存在的问题就是现代农业发展需要大量人才，由于农民科技水平普遍较低，很多农民都对先进的农业技术及工具不了解，不擅长学习新知识和新技术。只有对这些农民进行培育，才可以使他们渐渐地懂管理、会经营、有技术，从而促进现代农业的发展。

最后，是构建新型农业经营体系的迫切需要。从改革开放之后，国内农民劳动力的数量一直在减小，素质结构性下降的问题越来越突出。其中，以妇女和中老年为主，小学以下的文化程度超过了一半的人数，而且，大部分的农民不愿意回到家乡务农。由此，出现了谁来种地的问题，如何保证农业可以持续发展，关键是要构建一个良好的新型农业经营体系，发展家庭农场、产业化龙头企业、专业大户、农民合作社以及农业社会化服务组织等经营主体。把这项培育工作作为一个关系长远且根本的大事来做，通过一系列培训和政策扶持等措施来号召一些有高知识水平的青壮年农民参与到农业事业中来，使得农业农村得以进一步发展。

二、培育目标及方向

2017年，明确了培育新型职业农民的发展目标：到2020年，全国新型职业农民预计超过2000万人。争取尽快构建出一支善于经营管理、有文化知识、懂技术的新型职业农民队伍。要实现这一目标，需要构建科学的、合理的新型职业农民培育体系，提高农民的文化程度、职业技能、市场意识和管理能力等。

2017年，关于“新型职业农民”的新表述和十九大报告中“乡村振兴战略计划”，给新时代背景下新型职业农民培育指明了方向。

（一）培育“以农为荣”的尚农、爱农精神

新中国成立之初，我国实行“城乡二元”户籍制度，把人口分为“农业人口”和“非农业人口”两大类。国家的社会保障制度均以“非农业人口”为主，农民被排除在外，“农民”意味着社会地位低下及社会保障制度的缺失，从那时起，“农民”就成了社会地位低下及贫穷落后的“身份和社会地位”代名词。直到现在，我们提到农民更多的想到的是身份，而非职业。人们观念上对农民的鄙视，致使许多人不愿当农民，甚至以务农为耻。近年来，随着户籍制度改革及新型职业农民的提出，农民身份标识的意义发生重大改变，但人们的观念还没有完全转变。新型职业农民首先“爱农业”。只有农民爱农业，爱农村，才能踏踏实实地发展农业，振兴农村。

因此，新型职业农民培育的核心问题，就是培育“以农为荣”的爱农意识。首先是转变农民的观念，通过宣传教育，让农民认识到农业在整个社会发展中的地位和作用，认识到在农业领域就业的价值和重要性，认识到作为农民肩上的重任，从而产生“以农为荣、振兴乡村”的自豪感和责任感。

（二）培育“诚实守信，忠诚奉献”的职业道德情操

农业生产具有公益性，农产品具有公共产品的特点，原因在于，一是农产品是生活必需品，消费者需求是刚性的，致使农产品价格不完全由市场决定，根据居民收入和消费能力，政府对主要农产品的价格有一定的把控，要求价格适当，普通老百姓能够有能力消费。二是政府要求农民不仅要为社会提供安全的农产品，还要保护农业生态环境。现实状况是，许多新型职业农民的职业道德知识较为缺乏，不清楚作为新型职业农民需要有

哪些职业道德，导致新型职业农民的职业道德行为失范。如在生产经营过程中的失信经营，滥用农药、滥用各类激素，导致所谓的绿色、生态、有机等食品都被打上了大大的问号。

因此，培育新型职业农民“诚实守信，忠诚奉献”的职业道德意识尤为重要。在农业生产过程中，生产者与消费者的信息是不对称的，且生产过程难以监管。

（三）培育“科技助农、产业兴农”发展意识

实现农村农业现代化，必须发展农业产业，而农业科技对农业产业发展具有重要推动作用，一是能提供良好的育种技术、农业生产标准化技术及运输保存技术。二是提供农产品深加工技术，延伸农业产业链，促进农业产业与第二、第三产业融合发展。美国人力资源学者舒尔茨指出“对传统农业的改造要引进新的现代农业生产要素，不仅要引进物的要素，如杂交种子和机械等，还要引进具有现代科学知识，能运用新生产要素的人”。因此，实现农村农业现代化，一方面利用农业科技发展农业产业，另一方面要培养具有农业科技素养的新型职业农民。目前，我国新型职业农民培育对象大多数都是农村以“务农”为主的劳动者，他们以中老年为主，整体文化素质差，对新技术需求较弱，接受培训意愿不高，大多数接受培训是为了获得政府的补助和享受优惠政策，致使我国新型职业农民缺乏科技意识[1]。

因此，实现农村农业现代化，首先要做的就是培育新型职业农民“科技助农、产业兴农”发展意识。只有农民的科技意识有所提升，对科技投入的作用了解之后，才能积极主动学习采纳农业科技技术，以科技助发展，产业兴农村。

（四）培育“生态宜居、绿色优先”的生态理念

农村农业现代化的核心理念是生态理念，即农业产出高效，农业产品安全，农业资源集约，农村环境生态。目前，农业产出高效，但农产品质量安全及农业生态环境恶化越来越成为人们普遍关注的焦点。农民为追求农业产量超量使用化肥；为减少病虫害，滥用高浓度农药；为使家畜快速生长繁殖，注射喂食激素，缩短家畜的成长期，致使农产品安全问题不断出现；还有温室大棚、地膜等塑料薄膜等废弃物对环境的污染，导致农村农业生态环境严重破坏。这种以破坏农村农业生态环境为代价的掠夺式农

---

[1] 西奥多·舒尔茨. 改造传统农业［M］. 梁小民，译. 北京:商务印书馆，2010.

业生产方式是不可取的，也是不可持续的。

可见，实现农村农业产业化，培育新型职业农民“生态宜居、绿色优质”的生态意识尤为必要，也是农业现代化对新型职业农民的新要求。新型职业农民不仅要具有较高文化水平和技术技能，还要具有生态意识和生态责任。当然，农民的生态责任和生态意识并不会自然而然产生，它需要教育和培养。通过培育，使新型职业农民树立“生态宜居、绿色优质”的生态理念，在农业生产经营中自觉履行生态责任，保护农业生态环境。

（五）培育“规模经营、分工协作”的市场能力

振兴乡村战略，实现“产业兴旺、生活富裕”，必须走农业产业化道路。现代农业产业的规模化、信息化、科技化加速了农业生产的分工细化，单个农业生产者不可能涉及全部农业生产环节和领域，它们必须分工协作，利用其自身有限的资本和资源，进入农业生产领域的某些环节，通过专业分工，进行专业化生产，拉长农业产业链，增加农产品的价值。现代农业的经营活动与市场联系起来，把分散的农户与农业合作组织联系起来，促进农业产业的融合发展。

因此，新型职业农民要具备“规模经营、分工协作”的市场意识，提升市场参与能力，获取信息分析能力，有利于整合金融、土地等各种要素资源，以促进农业产业融合，农村经济的繁荣 ，实现农业增效、农民增收。

三、培育内容

（一）基本技能

基本技能是人才能力与素质提升的基础和前提。要培育出具有非常深厚的专业基础理论知识的新型职业农民，为后续的能力培养以及未来的发展打下基础，不然，就和普通农民的培训没有什么区别。培训主体应该从工作发展的角度出发，良好地调节“必须够用”的度，对基本技能的教学进行适当改革，融合培养理论知识与实践能力，使农民的知识面得到拓展。例如培训生态农业产业化建设、农业生态环保、农产品质量安全、农产品品牌化经营、市场营销、“互联网+”农业、农业经营与管理等内容。

（二）职业技能

社会对人工作素质的要求已经不只是职业技能了，这里所说的职业

技能指的是综合的且称职的就业能力。社会还要求人们具有良好的应变能力、发展能力以及生存能力。例如，培训农业绿色增产增效攻关模式、良种良法配套、农信农机农艺融合、农业标准化生产以及与人合作的能力、创业能力等方面的技术技能。培训职业技能使得新型职业农民提高自身吸收和运用新技术的能力，当农民掌握了大量的农业科技技术之后，才会将其转化成为生产力，才会适应规模化、科技化和专业化的要求。

（三）社会技能

从某种程度上来说，新型职业农民需要具有的基本素质包括科学文化素质、思想道德素质、心理素质以及创新素质等，这些素质对职业能力的水平高低有着直接影响，对于人才培养的效果来说也是非常重要的，所以要注重对新型职业农民思想上的市场意识、竞争意识和创新意识的培育，并使新型职业农民道德水平得到提升，符合社会公德的道德规范要求。

第二节　新型职业农民培育对象

一、培育对象的选择

（一）专业大户和科技示范户

站在农业的经营方式角度看，“专业大户”一般是指那些对某种农产品专业化生产的农民；站在农业的种养规模角度看，专业大户的规模要比传统农户或一般农户大很多。但是也没有非常清晰的一个概念，有时也把专业大户称为种养大户。

“农村科技示范户”一般指的是有着丰富经验的种养加工生产技术，而且能够很好地应用、推广农业生产的新技术、新模式以及新品种，可以获得良好的经济效益和有良好示范作用的农户。这部分人不但是农业技术推广队伍的重要组成部分，而且还是新农村建设的科技二传手和致富带头人，是周边群众看得见、问得着、留得住的“乡土专家”。如果能够充分发挥科技示范户的作用，对于农村调整产业结构、推广农业先进实用技术以及提高农民致富能力等方面都有着非常重要的现实意义[1]。

[1] 马建富.新型职业农民培育的职业教育责任及行动策略［J］.教育发展研究，2015（21）.

相关数据表明，随着土地流转制度的落实，在整体素质偏低的留守农民群体中也有一些人是有着一定知识基础的，尤其是一些有前瞻性和“眼界”的农业种田能手、生产经营承包大户和科技示范户。这些人在农业规模化经营、现代农业发展、农业产业化发展方面具有良好的示范效应。该群体的特征表现为五点：第一是具有非常丰富的种粮技术和经验；第二是积累了比较雄厚的资金财产；第三是对于市场有着高度敏感性以及适应性；第四是拥有规模化和产业化的经营理念；第五是有从事农业生产的强烈意愿。将这一群体作为新型职业农民培育的对象，几乎能够得到立竿见影的效果。并且，通过对这部分人的大力培养，能够产生较为积极的外溢效应，可以激发更多的群体转向职业农民。因此，可以将留守农民中的种田能手、种田大户作为新型职业农民培育局面打开的切入点。

（二）回流农民

随着农村的发展、城乡差距不断缩小、区域发展不平衡性得到有效缓解、人们就业观念与发展理念的更新，回流农民越来越多。根据有关调查表明，农民工返乡就业、创业的比例一直在增加。近些年来，国家对强农惠农的政策加强了实施力度，农产品价格上涨，务农效益有所提高，因此，农民工返乡趋势变得愈加明显，达到20%以上。据相关学者对湖北恩施一千余名返乡农民工创业情况的调查，正在创业或准备创业的返乡农民工中，有69.3%的人选择了与农业有关的项目，其中选择种植或养殖的占39.38%。返乡的农民工中有很多都是优秀分子，其特征主要体现为四点：第一是在外出打工之前，一般都是从事过农业生产的，对农业生产经营的情况比较熟悉，外出打工使这些人的见识更广，眼界更宽，观念更新，具有比较新的发展理念；第二是拥有了一定的资本；第三是他们对农业和乡村怀有感情，他们愿意主动回到农村经营农业；第四是他们具有了一定的职业知识和职业技能，同时也积累了比较多的人力资本和物质资本，且这些人基本都是年轻人，有着一定的教育基础并愿意回乡创业。所以，我们需要通过创新制度和政策鼓励这些回流农民来接受培育，成为新型职业农民。

（三）农村留守妇女

现在越来越多的农村男性在外打工，农业生产和新农村建设就主要依靠女性来完成。过去农村妇女的工作一般是照顾家里的老人和孩子，并不会参与到农业生产这项工作中去，然而，随着农业机械化水平的提高，农业生产对体力劳动的要求逐渐降低，为农村留守妇女从事农业生产经营提供了物质基础。从现有各类统计数据来看，妇女在现有的农业从业人员中占很大比重。农村妇女劳动力约占农村劳动力总数的65%。

留守农村的妇女通常会受到各种条件的限制，迁入城市的可能性比较小，因此，一方面，需要引导农村妇女加入到新型职业农民的培育中，特别是那些具有发展潜力、具有一定影响力并可以起到示范作用的青年妇女，多形式、多渠道的对其进行重点的培养；另一方面，需要强化农村妇女的技术与创业方面的培训，帮助她们学习新知识、掌握新的技能；再一方面，要创造良好的学习环境，帮助农村妇女成长为适应农业现代化，有文化、懂技术、会经营的新型职业女农民。

（四）新生代农民

所谓新生代农民，通常是指20世纪90年代及以后出生的有志于从事农业生产经营的职业农民，有时也将80年代出生的纳入其中。目前，留守在农村的80后、90后青年可以说是越来越少，这正是近年来人们产生“农民荒”“谁来种地”的原因之一。但我们确实应该注意到，在未来的新农村建设和现代农业的发展中，离不开新生代职业农民的培育，他们是我国未来农业发展重任的主力军。因此，他们理所当然应该成为我国职业农民培育的首选对象，也是重点对象。但是，将新生代农民确定为未来新型职业农民培育的重点对象在实践中有着许多困难。因为新生代群体有着比较特殊的成长和发展背景，所以很多青年人都不会想到毕业后做职业农民或从事农业生产，这些青年人中，虽然很多人在农村长大，但是实际上对农业生产并不熟悉也不感兴趣。这是培育新型职业农民遇到的主要困惑和尴尬。

新生代农民具有三种特征：第一是在自然属性上，指1990年以后出生的年轻人；第二是在经济职业上，立志从农、以农业为职业；第三是在素质方面，通过培训，成长为有文化、懂得技术和经营管理的新型职业农民。将新生代农民引导成为新型职业农民的培育对象，首先就要培养他们从事现代农业发展的意志，将从事农业生产经营作为职业追求。

（五）农村初高中、大中专院校毕业生

农村初高中、大中专院校毕业生是人们寄予很高期望的未来职业农民群体。我国每年都会有大量的农村初高中、大中专院校毕业生，其中，除一部分升学以外，还有大量的毕业生会直接走上就业岗位，这些毕业生是补充农业劳动力最适合的群体。然而，现在越来越重视高等教育学历，所以大中专学生身上出现了越来越沉重的就业压力。这些毕业生就业问题早已成为政府和社会各界高度关注的热门话题。我们应该注意到，随着人们的观念改变、农村发展机会的增加，大中专学历的高层次人才开始向农

村扩散，特别是我国实行的大学生村官制度和大学生在农村创业成功的案例，使得许多有理想、有抱负、有创业想法的大学生愿意到农村就业。随着社会的发展，我们相信将来还会有更多的高学历人才，特别是涉农专业的大学生将成为新生代农民的来源之一。

大中专学生是潜在的新型职业农民的培育对象，但是，新型职业农民培育重点还应是农村地区的初中、高中、大中专毕业生，尤其是涉农专业的毕业生。通过国家政策的完善，使这些人逐渐成为新型职业农民的主要来源。

二、培育对象特征

（一）留守农民的特征

1. 年龄特征

由于青壮年劳动力已经大部分离开农村，去往城市，所以留在农村的劳动力自然年龄较大。相关学者对某个村庄进行了问卷调查，选取约1300余个样本家庭，5449个村民作为调查对象。调查发现，59岁以上人群基本在农村，年龄在16～39岁的人大部分在外打工，年龄在40～59岁的人中将近一半的人留守农村，其他人则是外出打工；留守农村的劳动力在40岁以上的比例占到70%，而且老年人口占到当地劳动力人口总数的23.09%。根据农业部的调查结果，我国农业劳动力基本超过40岁，占所有从事农业生产总数的比例超过了70%，平均年龄为50岁左右，重要的是这些农民的教育程度不高，70%以上的人是小学、初中文化水平。年龄结构老龄化、性别结构妇孺化成为农业经营者的显著特征。

2. 人口特征

相关调查表明，目前我国的农村留守人口已经达到了8700万人，留守老人将近2000万人，其中，80%以上的人是通过农业劳动来自养；留守妇女有4700万人，90%以上的人成了农业生产的主力军；留守儿童有2000万人，很多人都在从事重体力劳动。从整个调查结果可以看出，我国农村留守人口以妇女为主。这些留守农民是农业生产的主力军。

3. 从业特征

农村留守劳动力就业渠道主要是传统农林牧副渔。随着农村的产业结构调整和非农产业效益的提高，加工制造业、养殖业、餐饮宾馆服务业、建筑业、信息服务业、个体工商业、交通运输业等产业在农村产业结构中的比例也在提高，农村留守劳动力就业出现了一些典型的兼业性特征。

4. 心理特征

农村劳动力的转移，不但会降低留守农民的文化素质，对新农村建设及现代农业的发展产生一定影响，而且还对留守农民的生活的稳定度有着很大程度的影响，导致留守农民出现一些心理问题。农村大量劳动力去向城市的一个结果就是，繁重的农活全部交给了留守农民，留守妇女缺少安全感和关爱，情感缺失；留守老人缺乏交流，内心空虚。这会产生一系列问题。因此，社会应该高度重视留守农民的心理问题。

5. 素质特征

（1）文化素质偏低。

在我国留守农民群体中，以农村妇女和50岁以上老年人为主，其文化程度以初中及以下水平为主，与发达国家相比差距很大。此外，随着城镇化建设的发展，农村的大量青年劳动力转向了城镇，这就导致了农村的实用人才有着不同程度的外流现象，留守在农村的劳动力低智化和老龄化严重，农村劳动力素质呈结构性下降趋势。

（2）科技素质需要进一步提高。

随着“科教兴农”的战略实施，可以明显看出农民的整体素质在提高，但是科技素质还是有待进一步提升，大部分留守农民对现代农业生产科技的作用缺少重视。根据有关统计资料，荷兰接受过中等教育的农民高达80%，其中，有12%的农民在高等农业学院毕业，相比之下，我国接受过职业教育与培训的农民占全部农业劳动力的比例还不足20%。

（3）经营管理素质低。

农民专业合作组织是一个载体，是连接小规模农户与大市场的一个桥梁。从其发展的情况来看，留守农民的组织化程度普遍不高，现在一般是通过传统渠道来得到农产品供需信息以及一些法规信息，还没有广泛应用计算机技术，所以农民的经营管理素质需要进一步提升。根据相关调查结果表明，农村实用人才带头人、科技成果转化人才以及创业人才等农业发展急需人才处于严重短缺状态。

（4）缺乏政策、法制观念。

就社会主义新农村建设的政策来说，很多留守农民都知道这对他们来讲是一个好政策，但是为什么好，哪里好，政策的内容是什么，要怎么完成这个建设，落实到农民身上需要他们具体做什么工作，这些他们并不清楚，对于“中央一号文件”他们只知道农业税费减免以及粮食补贴的内容，而对于如何提高产量、提高农业生产能力的方法都不太了解。

而且，留守农民的法律意识相对薄弱，基本都是以熟人或乡风来规范自己的行为，实际上他们缺乏法制意识和法治素质。农民主要是将电视以及村组干部的口头信息作为渠道接受信息，同时，接受培训的时间还会受到农田作业、短时间打工以及接送孩子上学限制，所以他们或是没有时间或是不愿意参加这种集体式的职业培训。

（5）思想道德素质相对较低。

首先是严重缺少创新精神。留守农民的思想中，新农村建设主要是依靠上级政府来扶持和帮助来完成的，他们要做的就是“等、靠、要”，这种不思进取的思想与时代发展不相适应。其次是在留守农民中，还有非常重的封建迷信思想。有许多留守农民都相信这些封建迷信活动，以至于到现在还会有封建迷信活动。这就表明清除农村的封建迷信并非一朝一夕能够做到。

（二）新生代农民的特征

1. 思想观念较开放

受教育水平和网络时代学习便捷性影响，新生代农民观念开放，接受新观念、新事物的能力也较强。他们不再循规蹈矩，具有较强的自我发展意识和愿望，具有较强的开拓进取精神，易于引导和跟上时代发展的潮流。调查显示，在政府创造的优质创业环境中，有不到10%的农民不愿在家乡进行创业，有将近一半的农民表示愿意在家乡创业，还有一部分新生代农民愿意考虑这个问题。

新生代农民的高学历、宽视野和强个性使得他们更期待未来的发展，渴望致富，对未来的人生发展有着一定的规划。他们不仅对工资福利待遇有着越来越高的要求，而且更看重工作环境、工作时间和工作的社会地位。新生代农民较为开放的思想会使他们提出更高的要求，主要是针对农业生产技术的要求，鼓励人们研究、发明新的农业生产技术，增加技术的供给，从而使农业生产能稳定地发展下去。

2. 文化素质较高

文化素质的高低与农民的就业观念和发展观念密切相关。农民文化素质不仅影响着农村富余劳动力向城镇二、三产业转移就业的进程，而且决定着我国农业科研成果的有效转化和技术的快速推广。相比于老一代农民，新生代农民的整体文化素质有了较为明显的提高。他们都接受过九年义务教育，基本上都是初中以上文化程度，也有一些是高中毕业生，还有的是中专、大专学历，其文化水平较高。新生代农民具备的较高的文化素质为他们接受新劳动技能以及科学知识奠定了坚实的基础，也使他们成为新型职业农民更具优势。

3. 参训意愿强烈

随着社会的发展以及教育的普及，新生代农民逐渐加强了对于职业技能培训的理解，他们都认为要想致富就需要具备一定的技能。相关学者在2014年对某省的1070名农民的调查显示：其中超过90%的农民表示有意愿参加相关的职业教育培训，不愿意的只有5.05%。从另一问题的调查中也能够看出，农民愿意积极地参加培训，45%以上的农民表示只要可以学到一技之长，即使花钱也愿意参加培训。在召开农民座谈会时，几乎所有农民，特别是具有一定规模的职业农民均表示愿意参与各种职业教育培训。由此可见，在当今这个市场竞争激烈以及农民求富愿望强烈的压力下，新生代农民开始渐渐地了解了知识及技能的重要性，因此，他们都非常愿意去学习。

4. 务农意愿和技能欠缺

80后、90后新生代农民离土地越来越远，普遍缺乏农业生产的意愿和技能，很多农村户籍的青年在初中或高中毕业后就会在外打工，不熟悉农业生产，对传统农业种养技术和现代农业适用技术基本不懂，对于学习实践农业和农村各项技能缺少兴趣。加上大城市非常繁华，就更加对农村环境产生排斥心理，当然也不会关心农村现在的发展如何。

（三）创业农民的特征

1. 文化程度较高

创业农民文化程度普遍较高，主要以高中文化程度为主，而且呈现年龄越轻文化程度越高的趋势。相关学者的调查显示，创业农民平均受教育的年数为10年左右，其中，约有20%的农民是初中文化教育程度，约70%的农民是高中和中专文化教育程度，剩下的则是大专及以上文化教育程度。

2. 年龄偏小

创业农民大多数是青壮年，年龄普遍在40岁以下。相关学者对某省200名创业农民的调查显示，年龄最大的是59岁，最小的是18岁，平均年龄在35岁左右。

3. 有打工经历

目前，我国的创业农民主要集中在返乡农民这个群体，有相当比例的创业农民在创业之前都有外出打工的经历，原因在于一方面外出打工可以扩大视野、增长见识、积累经验，另一方面外出打工可以为创业积蓄一定的原始启动资金。由此看来，打工经历是农民创业的一个重要影响因素。

4. 有进取精神

农民创业是农民增收、农村劳动力转移和农村城镇化建设的重要措施和途径之一，有着重要的社会价值，而创业资源的合理整合利用是农民创业成功的关键。大多数的创业农民都具有非常强大的意志力，不怕苦不怕累、自信自强、年龄小、文化程度高，使得这些人较为容易理解新知识，对于创业有着成功的信心。创业农民已经基本摆脱了小农思想的束缚，表现出较强的进取精神。创业农民总体素质较好，有着较强的应变能力、沟通交际能力、市场洞察能力、管理能力。

5. 以种养业为主

大多数农民在创业时会选择和农产品相关的领域，尤其是种养业通常是农民创业的首选。据相关学者的调查显示，从事种植业的创业农民超过了30%，其中有将近一半的农民是大规模种植粮食作物，如玉米、小麦等，有13%的农民选择种植菌类，有9%的农民选择种植蔬菜；有超过一半的农民创业项目选择养殖，其中养猪所占比例为52.3%，养鸡所占比例为31.8%；专门从事农产品加工以及种子经营的有8%左右。

6. 风险意识淡薄

虽然每个农民都知道创业有风险，但是很少有人可以真正地掌握防范和规避风险的措施。有很大一部分的创业农民表示很难把握创业过程中的市场状况，创业农民的风险意识淡薄。相关学者对某省一百多户创业农民的调查显示，35%的农户表明他们可以掌握创业过程中的大致市场变化，有风险意识，有42.5%的农户表示在创业过程中他们只是被动地去接受市场的变化，不能对市场未来的变化情况进行预测，风险意识比较薄弱，只有20%左右的农户表明他们可以通过网络、广播、电视以及人际关系对市场风险进行了解，并且有着比较强大的抗风险以及规避风险的能力。

7. 创业知识匮乏

大多数农民都没有参加过专业的创业知识培训。基层服务部门需要加强对创业农民的培训与指导。据相关学者的调查，创业农民最缺乏的就是创业相关的营销知识、管理知识以及财务知识等，有不少创业农民认为自己当前不足的是管理知识，还有农民认为这三方面的知识都较为缺乏，还有一些农民称对国家的法律法规不了解，这些现象都说明农民并没有掌握创业相关的知识。

三、培育方式选择

（一）理论教学

理论教学应根据培养目标、教学内容和学员的特点，采取灵活多样的方法，使学员了解、掌握农业生产经营所必备的基础知识、专业知识，为学员掌握专业技能打好理论基础。要注重学习能力的培养，强调理论与实践的结合，提高学员分析解决问题的能力和创新能力。

1. 教学形式

（1）课堂教学。

授课教师按照教学大纲在教学点进行授课。提倡参与式、讨论式、案例式等教学方式。

（2）远程教学。

授课教师通过广播电视、互联网等多种媒体方式授课，组织学员在线或实时学习相关课程。

2. 学习方式

（1）集中学习。

由学校统一组织，学员集中进行学习。在集中组织教学过程中，要灵活采取课堂讲授、现场演示、分组讨论、案例教学等多种形式，激发学员学习兴趣，调动学员积极性。

（2）分散学习。

在集中学习的基础上，学员根据自己的情况，利用多媒体教材、网络辅导资源或教学包等进行自主学习。分散学习时，教师可根据教学要求和学员自身学习实际，有针对性地对学员进行指导、辅导和答疑。

（二）实践教学

实践教学是教学环节的重要组成部分，是理论教学的延续、扩展和深化。构建符合农民职业教育特点的实践教学体系，科学、合理地安排实践教学，对于培养学员运用所学知识、技能解决实际问题的能力和创新能力有着不可替代的作用。

1. 教学形式

（1）实验实习。

根据课程学习需要组织学员验证理论知识，学习实际操作技能，以教师演示、学员操作为主要形式，加深学员对理论的理解。

（2）专业见习。

组织学员到现代化农业园区、科技示范场等地进行考察、交流，使学员了解现代农业生产经营方式和新品种、新技术、新成果的应用，了解现代农业发展方向，拓宽现代农业发展理念。

（3）技能实训。

组织学员到实习基地、农场、农民合作社、农业企业等地进行技能训练，使学员通过职业岗位实务训练，掌握关键环节操作技能，巩固加深专业理论和业务知识，获得专项操作技能的实际工作经验。

（4）岗位实践。

学员结合本职工作岗位进行生产实践，在教师指导下运用所学知识和技能，分析和解决生产实际问题，提高工作能力和效率。

2. 组织方式

采取集中与分散相结合的方式进行教学。集中实践教学由学校统一组织进行，实验实习、专业见识和技能实训一般采取集中方式进行。分散实践教学由学员在本职岗位上，按照规定的内容和方式进行实习和岗位实践。

（三）“学历+技能”培养模式

传统的成人教育以学科教育为中心，理论授课为主，实践教学为辅。新型职业农民的培育，应克服培养模式太少、特色不足、优势不足等方面的问题。“学历+技能”这种人才培养模式，是对传统的人才培养模式的一种改革和创新。该模式同时融合了国际“双元制”与国内“双证教育、多证教育”的教育模式，将学历教育、资格认证以及职业培训进行合理融合的人才培养模式。在接受职业培训之后，农民可以掌握需要的专业技能，还可以获得经国家认证的学历文凭，这会使农民的综合素质得以进一步的提升。

1. “学历+技能”人才培养模式的本质

“学历+技能”人才培养模式的本质在于强化实践能力的培养。传统的成人教育，占据主导地位的毫无疑问是理论知识，老师采用“填鸭式”“满堂灌”这种教学模式，即使是有实践课，也是理论课的辅助，可有可无，不受重视。学员在校学习时感性认识不够，只会“纸上谈兵”。

“学历+技能”这一人才培养模式遵守“理论够用，技能突出”的原则，不能只是看学历要注重能力，崇尚一技之长，强调知行合一、教学做合一。理论教学应该是以必需和够用为度，而实践教学则要以胜任和合理解决问题为准，以实验室、农田、农场为课堂，重点解决学员在毕业之后工作在岗位上时“怎么做”的问题，将职业素质、通识教育以及拓展能力结合，融学历教育、技能培养、考证辅导于一体，真正做到学以致用，实现新型职业农民培育的原本之义。

2. “学历+技能”人才培养模式的基本特征

在新型职业农民培育中应用“学历+技能”人才培养模式，总体目标为经过有目的、计划、组织的系统专业教育，培养出满足现代农业产业发展所需的高素质农民。具体的目标是将素质作为根本，能力作为中心，培养出不同类型、不同层次、不同专业以及不同岗位的应用型农业人才。人才培养的基本模式结构有课程体系、教育组织形式、专业设置、教学计划、非教学或者跨教学培养形式等（图5-1）。

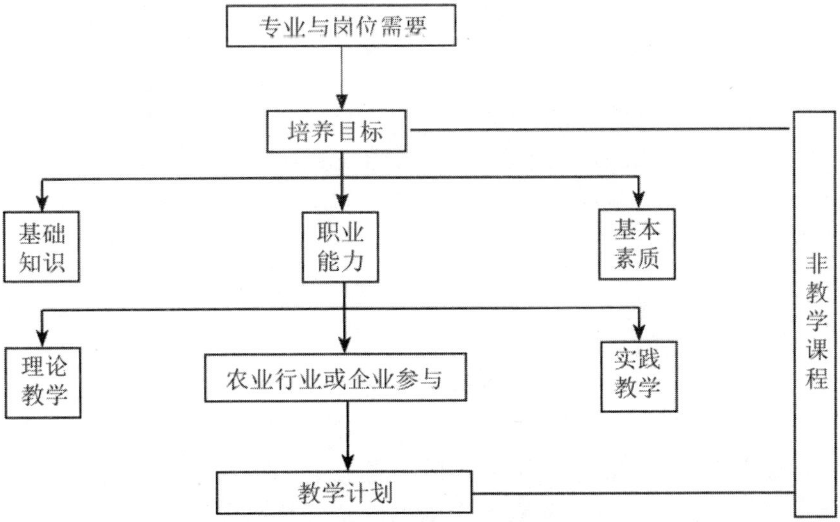

图5-1　培养模式技术路线

如图5-1所示的路线图是按能力、知识以及素质协调发展的要求来构建的，其主要特点为完整性以及时代性。

所谓完整性以及时代性，实际上是指它所包括的要素应是齐备的，很好地体现出了培养目标的要求。这个路线图改变了只重视知识教学的旧人才培养模式，强调人才素质和能力的培养，进而培养出符合社会发展、时代进步的人才素质要求。这种人才培养模式能够使学员通过各种教学方式获得知识，对知识进行整合，也能构建出新型职业农民的能力与知识结构。所以说，就“学历+技能”这一人才培养模式来说，基本特征包含基础知识。

（四）对培育方式的选择

调查表明，约有46%的农民表示他们最喜欢现场教学，其次是面对面授课，电视、广播、VCD等方式不太受欢迎。现场教学指导的方式之所以最受农民的认可，主要是因为现场指导可以结合理论和实践，针对性很强，能够及时解决问题，此外，授课内容还有着很强的可操作性（如图5-2）。

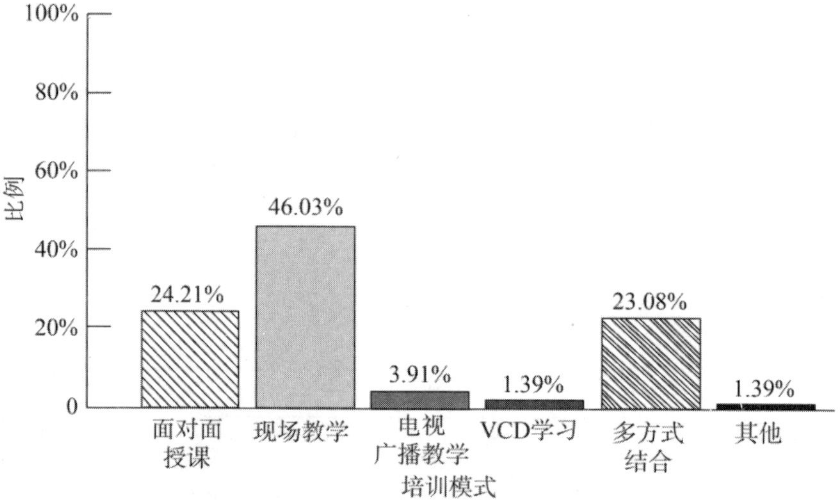

图5-2　农民对职业教育培训方式的选择

实践表明要提高教育培训的效率，需采取各种各样的知识讲座、实际辅导等方式指导培训；也可分期分批选派农业技术骨干到各类农业大中专学校进行脱产培训学习。对于农村实用技术骨干的培训，一方面采取课堂讲授的方式，另一方面让他们到田间来进行生产实际讲座，通过现场教学的方式指导农民。对于普通农民，则可以充分利用农校、农民夜校等各类培训机构组织培训，同时通过以师带徒、结对子等方式来进行。

第六章　现代生态农业视域下新型职业农民培育体系设计

生态农业视域下培育新型职业农民是发展农业生产力和农村经济的关键，同时也是建设和谐社会的必然要求。若想增加农村经济发展中的人力资源，就要积极构建生态农业视域下新型职业农民培育体系。培育体系的健全与否，直接影响着现代农民职业素质和农村社会生产力的发展。

第一节 新型职业农民培育体系构建

一、以职业价值观为引领培养“尚农爱农”精神

职业价值观是人们对待职业的信念和态度，是人们在职业生活中表现出来的一种价值倾向，不仅决定了人们的择业倾向，更决定了人们的工作态度，它体现于职业生涯的全过程。在农村空心化、农民老龄化的现实情况下，“谁来种地”是当前面临的严重问题。“70后不愿种地、80后不会种地、90后不提种地”的现象普遍存在。究其原因：一方面由于长期的城乡二元结构，农民身份是一种生活在农村，收入少、地位低、素质差的群体，而不是可致富、有尊严、有保障的职业。另一方面是现实情况促使农村的劳动力外流。这主要是作为农村的青壮年劳动力从收入价值的角度，认为外出打工的劳务收入要比在家种地的收入高。而从农村出去的大中专学生，甚至农业院校毕业生，从个体实现价值、外在的社会保障价值以及社会威望价值等方面考量，更不愿意回到农村工作。对于现有农民以及潜在农民职业选择等观念的引导，若不提早准备、及时应对，则今后的农村将长期处于老龄化社会，谁来种地和如何种地的现实困境就无法解决，因此充分发挥发展农村、富裕农民的优越政策，在新时代农业农村的发展趋势向好的大环境下，农民的职业价值观引领是当前教育培训的主要内容。在新型职业农民培育体系中，一方面要引导现有农民和潜在农业从业者“爱农业、爱农村”的职业观。现有农民是教育培训的主要对象，使他们扎根农业，以“工匠精神”的标准提高完善自身素质；对于潜在的农民，不但要激励流出农业和农村并经人力资本投资的劳动力回到农业，也要激励包括大学生在内的城市中的创新创业人才进入农村和农业部门，成为农业复合型人才，形成“学而优则农”的职业价值观；再有吸纳称职的科研和技术人员、有远见的管理人员和企业家，使他们成为具有文化知识、创新精神和工作阅历的新型职业农民。在农业中形成与现代农业技术相适应

的人力资本结构。另一方面，也要培养现有农民合作社的领办人、农民企业家、农村能人、家庭农场业主的职业价值观，使他们提升“爱农民”的职业意识。在自我发展、收入增加的情况下，做到反哺农民，带动后进，精准帮扶。

自古以来，我国就有“敬业乐群”“忠于职守”的传统，敬业是中华民族的传统美德。孔子曾经主张过人的一生要一直勤奋、刻苦，为事业尽心尽力，他曾说“执事敬”“事思敬”“修己以敬”等。也就是说让我们抱着“敬”的态度去做任何事情。以职业价值观为引领培养“尚农爱农”精神需要注意以下几点。

（一）正确认知农业的地位

农业在人类的生活中是不可或缺的部分，对社会安定和政治稳定起着关键性的作用，具有以下明显的特征：基础性和公益性。农业是解决“吃饭问题”的唯一途径，依赖于天（阳光、空气、雨水）、地、生物来生产食物。由于粮食具有独特唯一的属性（即独特唯一的生产方法）、金融属性（粮食期货具有炒作的意义）、公共生存物品属性以及能源属性等特殊的属性，所以粮食在发达国家中已经成为国际谈判以及国际控制中的重要武器，“粮食武器化”使得农业发展成为一个战略产业。而且农业具有社会保障、休闲保健、生态保育、文化传承以及启迪教育等多种作用，总的来说，农业具有多功能性。所以农业所做出的贡献已经超过了狭隘经济学中关于农业的“四大贡献”理论，可以这样认为，农业在人类生存发展过程中所占据的地位是非常重要的。

（二）爱岗敬业精神

要想真正做到爱岗敬业、忠于职守是非常不容易的。如果只是将职业当作谋生手段的人不会忠于职守，他们很难将热情倾注于工作上，往往是“当一天和尚撞一天钟”，把职业分成高低贵贱的人也不会忠于职守，他们总是会羡慕别人的职业，不满自己的职业，时时想着的是“人往高处走”。只有真正热爱自己所从事的职业的人才会愿意忠于职守，才会觉得自己所从事的职业是光荣的，才会愿意努力工作，才能够在关键时刻忠于职守。

《庄子·养生主》中有一个故事叫作“庖丁解牛”。庖丁不但能够迅速、快捷地分解牛，而且他在解牛过程中，动作出神入化，技术精湛绝伦。文惠王夸他好手艺，他却答道：“臣之所好者，道也，进乎技矣。”对庖丁来说，解牛已经从一种职业变成了一种艺术创造，对他而言这是一种生命的享受，已经达到了“莫不中音，合于桑林之舞，乃中经首之会”。

职业劳动者的基本职业要求就是，可以做好本职工作，充分了解本职工作的性质、内容以及工作技巧。一个人占据了某个职业岗位，他就会通过职业劳动体现出他的才智和性情。如果他在个人生活中碌碌无为、得过且过，虽然只是他个人的事（但也不会全部如此），但他如果将这种行为方式和态度带到职业场所和职业劳动中，就是对社会、对他人的不尊重。一个优秀的职业劳动者当然不会这样，除了能够胜任本职工作之外，还要积极上进，不能就此止步，也不能因为自己有了多年的工作经验就骄傲不已，而是做到不仅要会，而且还要熟，要精通，努力达到最好的工作状态，成为本职工作中的行家，完全掌握本职工作所需要具备的技能。

职业工作者要求具备清楚的职业意识，这里所说的职业意识就是尊敬本职工作的社会意义，并且接受所从事职业应该具备的角色，认同并贯彻。具有明确的职业意识体现在他可以意识到自己做的工作属于社会分工系统的组成成分，并且努力提高工作效率，如此一来，职业工作者就具有清楚的职业意识。由此构成了职业人员的基本素质，会产生自觉的职业伦理约束和对高尚职业伦理的不懈追求，并且对本职工作充满了兴趣和热爱。

（三）敬业精神

1. 对社会和公众利益的责任感

敬业精神的宗旨就是追求实现社会最大利益。职业作为社会分工的一种产物，应该体现出社会公利。民以食为天，自古以来农业就在整个人类社会中扮演着重要的角色，正常的农业生产是人类得以生存的前提。对于一个拥有全世界近1/5人口的大国来说，要用占全世界7%的耕地养活占全世界20%的人口，这可以说是一个奇迹，然而这个奇迹就发生在我们的国家和我们的身边。由此可见，农民和农业对于我国来说是多么重要。

2. 对本职业总体荣誉的关心

我们立足于社会和公众的立场，与此同时，也不能放弃各个职业本身具备的特点与内在要求。我们要在追求社会、公众利益的基础上，进一步追求本职工作的成就感，完善本职工作的各个环节，使之以更佳的形象、更高的效率展示在世人面前。拿破仑曾说过这样一句名言“不想当将军的士兵不是好士兵”。一方面是在鼓励人们要拥有远大的理想和抱负，另一方面则是提醒人们若没有对军人这一职业的认同、崇敬，就当不好士兵，也当不好将军。无数的士兵中只有少数佼佼者成为了将军，这些人除了骁勇、才智之外，还有一个共同之处就是具备视军人为天职的敬业奉献意识，可以想象，没有这样对本职工作的热爱，就不会关心军人这个职业的社会声誉，更不会忍受长久平凡而寂寞的清苦生活，俗话说“吃得苦中苦，方为人上人”。如果只是纸上谈兵，不脚踏实地的付出，对待本职工作含糊，不苦心钻研，是不会体会到职业所带来的快乐的。

高素质劳动者具备这样的精神因素：对本职工作的投入、负责、尽心的思想意识和行为习惯。敬业精神则主要体现在从业人员个体的荣誉感、信念和良心，也就是从业人员通过长期、自觉的敬业实践，形成对本职工作的敬重，获得良好的职业品质，并积极提高自己的业绩和技能。现代化建设需要各种先进科技和无数的人才。但人才并不仅仅指从事专业研究的人。科技人员无疑是人才，一大批各行各业的熟练劳动者，如技术工人、技术农民同样也是人才。事实上，现代化建设不但需要高级专家，而且迫切需要千百万受过良好职业培训的中初级技术人员和技工，没有这样一支劳动大军，即使技术和设备多么先进，也无法转化为现实的生产力。

二、以职业行为规范为核心提升职业能力

随着“四化”建设的推进，社会分工的细化，农民在经济生活中的参与度不断增强，旨在让农民掌握核心职业能力的精准培育方式，恰恰是让新型职业农民感到解渴的文化输出。在长期城乡二元结构过程中，对于农民能力养成教育没有充分关照，存在客观缺陷。而在社会主义已经进入新时代的这一关键时期，以“懂农业”为素质要求的新型职业农民的职业能力必须得以重视。从职业发展的角度出发，现代新型职业农民的能力主要包括三个方面：职业基础技能、职业核心技能和社会需求技能。

职业基础技能，是指在职业领域所应具备的最基本能力。一方面具有一定的文化基础，具备基本的文化知识和文化水平，农业部门在全面推进新型职业农民中强调，到2020年，培训的农民中具有高中以上学历的人员应占35%。另一方面具有相关的农业常识，熟悉农业产业的基本流程，掌握基本的农业技术，具备农业产业化能力。

职业核心技能，是指新型职业农民在现代化农业产业所应具有的专业的、有竞争力的技能。新型职业农民与传统农民最大的区别是生产经营方式的转变，从传统的一家一户自给自足的小生产模式转变到规模化大生产以及面对大市场开展经营活动。因此，当前农民的职业核心能力必须与现代化市场对接。应具备农业生产经营管理能力、市场营销能力、产品推广能力、专业技术能力等。

社会需求技能，是指新型职业农民应具有适应当前信息社会发展所要求的基本能力。随着现代化农业发展中物联网、电子商务、智慧农业的出现，新产业新业态的发展，新型农业经营主体的联合等，农业合作领域越来越广泛，新型职业农民应该提高对社会发展的适应性。在实际的工作中表现出良好的团队合作能力、人际沟通能力、使用新技术新要素的能力及创新思维和创业能力等。

三、以职业道德为约束培养新型职业农民奉献精神

职业道德是从业人员在职业活动中所应遵守的行为规范的总和。职业道德教育的意义体现在两方面：一方面是提供给从业者一个认识和解决他们自己本身存在的，与他人、与环境之间的道德冲突的框架；另一方面是提供给从业者养成自觉遵守工作道德品质的机会，培养解决道德冲突的思维方式，提高主体性和能动性。新时代我国社会主要矛盾已经转化为“人民日益增长的美好生活需要和不平衡不充分的发展之间的矛盾”。随着当前消费结构的升级，消费者对农产品安全关注度不断提升，对具备安全、健康、环保等特征的绿色和有机食品的需求与日俱增，农业产业结构从数量增加到质量提升转变。

因此在农业生产领域，在外部强制上看，国家要提高农产品质量安全做到加大检查力度，做到零容忍。但更重要的是从内在的约束看，要提高农民对农产品安全认识的主体性，提高农民的内在动力，引导农民树立“优质才能优价，只有保障农产品的品质才能强农固农”的责任意识，这就要求新型职业农民向“职业人”转变的过程中，必须强化对其职业道德的教育。在农业领域遵守职场道德规范，具有诚实守信、服务群众、爱岗敬业、奉献社会的精神。

奉献精神是衡量人生价值的具体体现，它指的是一种忘我的、大公无私的精神。由于利益格局的调整以及价值取向的改变，人们需要重新考虑奉献精神所存在的价值。人生的追求与崇尚也是以对社会贡献为标准的。

奉献的形式及表现方式有很多，不过不管最终呈现出的形式是怎样的，奉献精神是永恒的，奉献的价值是实质问题，因为人生价值有大小之别，只有为国家为人民多做贡献，人生才有价值。人生的价值不在于索取，而在于贡献，一个人对社会贡献越大，他的人生价值也就越大。

建设新农村则需要这样的无私奉献的精神。目前，建设“经济富强镇、民主法制镇、文明开放镇、社会和谐镇、‘五好’党建镇”和“服务、便民、规范”这个奋斗目标，努力奋斗，集思广益，科学决策，因地

制宜，促进经济社会进一步健康发展，使那些经济状况不佳、工业脆弱等现状得以改善。在新一轮的历史跨越背景下，作为社会的成员之一，我们必须脚踏实地做好自己的本职工作。试想一下，在建设新农村的过程中，如果遇到了工作上的困难，到底是应该讨价还价还是迎难而上、尽职尽责地完成？是无所作为还是自我鼓励？是不断埋怨还是自我反省？或者有人会这样说，人生来就是懒惰的，能做到无私奉献境界的能有几人，但是新农村建设确实需要人们几十年如一日地为之努力奋斗，需要人们无私奉献的精神，需要人们忠诚诠释国家公务员的先进性，需要人们通过实际行动去完成本职工作。

“锄禾日当午，汗滴禾下土。谁知盘中餐，粒粒皆辛苦。”体现了我国农民质朴、勤劳的美好品质，这也是历代农业生产的真实写照。同时在现阶段，我国大部分农村的生活条件和城市存在的差距还很大，大部分农民的本职收入也远低于城镇职工。但我们要时时牢记农业生产是人类社会生存的基础。我国的农业发展更对我国社会的稳定运行具有非常重要的作用。鼓励农民认真地做好本职工作，粮食高产不仅是对国家的一种贡献，同时也能够使自己的生活得到一定程度的改善。

四、以社会责任为方向树立“工匠”精神

一个人拥有社会责任感是做人最基本的道德，因为我们的生存依赖于社会和自然。作为依赖于社会生存的人类，一定要为建设文明和美好的社会而努力学习和工作。只有这样，社会才能不断地进步和发展，从而使自己的生活更加幸福和快乐。塞缪尔·斯迈尔斯这样说过：“人们并不仅仅是为自己而生存。除了为自己的幸福而生存以外，他也为别人的幸福而生存。每个人都有自己需要履行的职责。”此外，他还说过：“最有价值的生活绝对不是那种只追求自我享乐的生活。甚至也不是那种沽名钓誉的生活，而是那种在每一项美好的事业中都扎扎实实、兢兢业业地做一些给社会带来希望和益处工作的生活。”

我们可以从两个方面来对社会责任感进行分析。一方面，组成社会的基本要素是每一个自然人。正是一个个人，构建了复杂的人类社会。从这个意义上来说，人的素质如何，也就决定了社会发展的水平。另一方面来说，每个人都是文明的人，社会自然也就是文明的社会。而绝大多数人如果是野蛮的，那么，这个社会也就不可能是文明的社会。如果你来到一个原始部落，就会见到那些未曾开化的人，而绝对不可能遇到现代文明社会中充满知识和智慧的人。如果你进入一个现代文明的国度，所见所闻，自

然是被现代文化熏陶的文明人，而再不可能遇到赤身裸体的野蛮人。人们是什么样的，社会也就是什么样的。一个人到了国外，彬彬有礼，人家就会说，中国毕竟是文明古国呀。如果你一点修养也没有，公共场所大吵大闹，人家当然要议论这个东方民族的落后了。个人和民族、国家，就是这样紧密地联系在一起。个人的文明程度会反映出这个国家的文明程度。

所以说，我们每个人都应该为构建文明社会贡献出自己的力量，每个人都必须努力学习，不断提高自己的文化素养和道德水平，从自己做起，要为自己的无知给社会文明发展带来牵制而感到羞愧。至于道德沦落，行为猥琐，则绝对是一种罪过了。唯有如此，才能提升民族精神，才能使国家振兴和民族崛起的目标成为现实。否则，如果大家都缺少社会责任感，贪图安逸享受不思进取，也就不可能有文化上的作为和发展，也不可能有社会的进步。因此，要以社会责任为方向树立“工匠”精神。

第二节　新型职业农民培育教育机构及培育方式

大力推动新型职业农民的培养步伐，当务之急需积极梳理，优化、创新各类涉农教育与培训的机构类型，使之成为满足新型职业农民培育的有效资源[1]。

一、培育机构

（一）政府相关部门设置专业培育机构及功能

我国是一个农业大国，党和政府都非常注重面向“三农”的远程教育工作，中央农业广播电视学校成立后在全国各省区成立分校，现在已形成了由中央到省（自治区、直辖市）、地（市）、县、乡的五级办学体系，县以上学校有2500余所，农民科技教育培训中心1800余个，乡村教学点1.2万个，专兼职教师10万名。全国农广校以中央校为龙头、各省级学校为骨干、基层学校为实体，建立了分级办学、管理，统分结合的管理体制，充分发挥政府领导、部门管理、资源共享、联合办学等环节的管理特点和优势。

农业广播电视学校是由农业部门主管，多部门联合办学，是纵向贯

[1]赵邦宏，张亮，张润清.我国新型农民培训模式研究［M］.北京：光明日报出版社，2011.

通、横向联合的开放性农业教育系统。农业广播电视学校以农业部门的场地、设施、技术、设备为基础，对农业系统中的各级农技推广服务中心进行了优化整合、农民科技教育培训中心等硬件资源，通过网络、广播以及电视等传播技术为途径进行农业远距离教育。办学层次包括实用技术培训、中专教育、中专后继续教育，开设了近20个专业。办学形式多样化、多层次、多功能且多学科，所以可以满足农民和基层干部的多样化、个性化和终身学习的需求。

农业广播电视学校办学形式灵活多样，有学历教育、非学历教育、脱产和不脱产等多种形式，办学面向整个社会，不仅包括农村基层，也包括乡村干部、科技示范户、农业服务体系人员和骨干农民等。同时农业广播电视学校突破了地域和时空的限制，将教学延伸到了广大农民最基层、偏僻边远山区，使农民在家门口就可以学习文化知识和农业科技，充分考虑农业教育的综合性、农民个体的分散性和农业行业的多样性等特征，提供学习的场地和教育资源，使得农村成人教育和职业教育资源不再缺乏，培养了初、中级农业技术人才，使得农民的科技文化素质全面提高。

（二）以学校为主体培育机构及功能

1. 中等职业学校

2014年3月，发布了《中等职业学校新型职业农民培养方案（试行）》，可以说是农民教育史上的一大创举。

该方案同时根据农业劳动力的实际情况，把招收对象重点放在50岁以下的农民身上，重点解决在职及后继农民培养的持续性问题。根据农业部的规划称，我国新型职业农民的目标是达到1亿人。中等职业教育有着重要的责任。

2. 乡镇成人文化技术学校

乡镇成人文化技术学校是我国农村成人教育的基础，也是农村新型职业农民培育的主力军。全国各地的乡镇成人文化技术学校按成人高中、成人初中和成人小学等建制分类，2016年全国有成人高中435所，教职工3313人；成人初中569所，教职工2779人；成人小学1.18万所，教师2.32万人。培育新型职业农民不是短期的阶段性任务，而是发展现代农业、建设新农村的长期任务。根据农业部的调查显示，我国农业劳动力年龄主要集中在40岁以上，平均年龄接近50岁，且素质堪忧，初中以下文化占70%以上。

这些成年劳动者是我国现代农业建设的主力。

乡镇成人文化技术学校办在农民的家门口，离农民最近，最了解农民的学习需求，鉴于我国农村庞大的劳动力队伍数量和实际文化程度在初中以下的状况，通过乡镇成人文化技术学校吸纳大批农村劳动力“返校”接受基础的文化知识教育和农业实用技术培训，已不再是权宜之计。

（三）以民间组织为主体培育机构及功能

这里所说的民间组织指的是社区教育民间组织，在我国，20世纪80年代开始进行农村社区教育，这是社会发展和时代变迁的产物。改革开放实行后，以家庭教育、原有学校教育、社会教育结合为基础，加上国外社区教育的经验，结合国内各地区的实际情况，经过试点社区教育民间组织才渐渐发展起来。现在各地的社区教育资源大致有以下几类。

第一类是全日制学校、社区教育中心（社区学院），面向社区农民开展“求知、求健、求乐”的各类学习活动；第二类是以社区的市民学校、文化大讲堂、村落文化宫、老年大学、图书馆和各类社团为中心，由社区自主组织开展的农民学习活动；第三类是由社区内的各个企业和社会组织共同参与组织的，旨在开展加强农村劳动者素质培养的各类社区文化活动。

农村社区教育的资源非常丰富。其中村民讲坛和农家书屋都是当前新型职业农民培育中喜闻乐见的形式。

1. 村民讲坛

农村社区定期组织村民讲坛，讲坛的主讲人是某方面有技术特长的人，让他们向本社区农民开展技术或知识的讲座。在该模式下，一般主讲人就是本地的致富达人，或者某方面的技术非常厉害，或者市场经验非常丰富的人。村民讲坛由社区发起，或由农民自告奋勇发起，亲和力和针对性强，实际效果好，村民参与学习的成本也低。

2. 农家书屋

农家书屋就是社区图书馆，社区图书馆是公共图书馆的一个基层单位。农家书屋是信息的存储、传播中心，农家书屋中有很多农产品市场营销、农业机械化操作、经营管理等相关书籍，可以提高农民对知识和技能的自学需要。具有许多作用，如知识中心的构建、现代科学知识的普及与宣传、社会主义先进文化的传播、农村精神文化需求的满足、农民信息素养的提高等都离不开农家书屋。现在，它已经成为促进科技兴农、知识富农的重要学习平台，对传统工业转变为现代工业起着推动作用。

通常来讲，进一步改善农家书屋的环境，可以通过这几个方面来实现：其一是考虑新型职业农民真正的文化需求所在，提供一个良好的阅读环境；其二是提供给农民参与文化建设的舞台，鼓励农民积极地去管理自我、自我服务、创建文学社、读书会等组织，使农民主动地去自助读书，引导农民读书用书；其三农家书屋开展丰富多彩的阅读推广、读书指导活动，如读书征文、农家讲台、普法宣传活动、阅读演讲等，提高农民的文化素养。

农家书屋作为农民终身学习的场所非常重要，不仅能够帮助农民提高阅读水平，而且还能够与当地的农林、畜牧、文化、教育等单位合作，聘请专家为农民授课。此外，还能通过信息化建设，与外界联网，构建在线学习平台，开展农民的数字化学习。

（四）高等院校培育的功能和作用

据《2016年全国教育事业发展统计公报》显示，2016年全国共有普通高等学校2596所，成人高等学校284所。全国还有培养研究生单位793个，其中普通高校576个，科研机构217个。高等学校或研究院所有农业领域内教育最为先进的技术和新的教学理念，师资队伍比较强大，而且具有先进的教学设备，具有人才密集、科研水平高、辐射力强的优势，具备开展培养高级农村应用型人才的条件。而且高等学校在一定区域内有着影响力和活动力，对于新型职业农民培训的开展有着整合多方力量的能力，以实现各类教育与培训资源效用的最大化。因此，高等学校是培养涉农高级专门人才和高级职业农民的引领性高端基地。

尤其是涉农高校通过发挥自身优势开展新型职业农民的培养，既是历史赋予的使命，又是自身发展的要求。涉农院校根据区域农业产业特征、各行业农民培训资源的分布和职业农民素养的培育要求，充分发挥行业背景和办学资源优势，以主办、承办、合办、协办等方式参与新型职业农民培育工程，满足新型职业农民培养的多样性需求。

根据教育部、农业部、国家林业局《关于实施卓越农林人才教育培养计划的意见》，我国实施的“卓越农林人才教育培养计划”共设置专项200项，其中拔尖创新型农林人才教育培养项目60项、复合应用型农林人才教育培养项目100项、实用技能型农林人才教育培养项目40项。其总体目标是：创新体制机制，办好一批涉农学科专业，着力提升高等农林教育为农业输送人才和服务的能力，形成多层次、多类型、多样化的具有中国特色的高等农林教育人才培养体系；着力推进人才培养模式改革创新，开展拔尖创新型、复合应用型、实用技能型200个人才培养模式改革试点项目，形成一批示范性改革实践成果；着力强化实践教学，建设500个农科教合作人才培养基地，提高人才培养质量。

二、培育教育方式及措施

新型职业农民培育的对象主要是留守农民，从中选取出种植专业大户、农村合作社带头人、农业企业负责人等具有一定专业知识的农民进行教育培训，提高其职业技能和综合素质；青年农民培育，即针对农村初高中毕业生、大中专院校毕业生进行农业知识技能培训，使其了解农业，熟悉农业并热爱农业；农民后继者教育，即针对农二代、返乡农民工等进行农业生产、经营、管理知识的培训。为了使培训的效果更好，应该因人而异，对农民进行有区别的培育。主要分为以下四种培育方式。

（1）分层次培育。

一是严格根据国家规定的农业行业职业标准，开展农业技能培训，培养现代农业产业的技术工人；二是结合各省的农民创业培训项目，强化创业技能的培训，真正培养现代农业的致富带头人。

（2）分类别培育。

一方面，对现有农业从业人员进行再教育，使这些人员的务农能力和生产经营水平能够进一步提高；另一方面，加强农村新生劳动力、投身农业的城市青年和返乡农民工的创业培训，从而培养出高素质农业后继者。

（3）分产业培育。

根据地方优势主导产业发展具有的一些特征，结合不同职业的岗位需求进行分产业培育、分岗位培育。

（4）分地区培育。

由于不同地区的农民发展形态和水平存在差异，培育目标要有所区分。就江苏来说，需要对苏北丰富的人力资源进行挖掘，充分发挥其地区优势，大力培育农业产业技术工人，利用农业的规模化和产业化发展较迅速的优势，加大力度开展农村致富带头人培训。

第三节　新型职业农民培育管理体系

一、新型职业农民的资格认定

确定新型职业农民的资格认证条件，引导和鼓励新型职业农民专业成长，应该构建出对应的认定管理制度。

（一）新型职业农民资格认证的意义

实际上，我国的农民教育一直是将农民的职业教育作为主要内容的，尽管有了一定的效果，但与西方发达国家严格的职业农民教育有很大距离。“职业农民”在我国实际是一个新名词，农民职业教育与职业农民教育是两个不同概念。

在我国建立起职业农民的职业准入制度是非常有必要的，首先对于传统农民来说，职业农民是一种高层次的职业，并不是所有农民都涵盖在内。再者农业是一个国家的基础产业，直接关系到国家的安全以及社会是否稳定，所以建立起职业农民的准入制度，不仅可以使农业的地位有所提高，而且还有助于国家扶持、管理和监督农业。可以这样认为，建立起职业准入制度，才能有效地进行职业农民的培养教育工作。

（二）职业资格的认证领域和认证标准

职业鉴定主要工作领域有：一是企业职工；二是职业院校学员；三是技师、高级技师；四是其他领域职业技能鉴定；五是计算机信息的高新技术考试。其中，企业职工技能鉴定和职业院校学员职业技能的鉴定标准具体如下。

1. 企业职工技能鉴定

技能鉴定的标准就是：鉴定对象为生产服务第一线的工作人员；鉴定目的为使职工的工作能力得到提高；鉴定内容为结合岗位活动和发展的实际需要；鉴定方式为适应当前企业生产服务的实际情况，简单并且灵活；鉴定结果与企业的生产管理和劳动工资要密切地结合。

2. 职业院校学员职业技能鉴定

技能鉴定的标准是：鉴定对象是准备从事职业劳动的人；鉴定目的为使学员的就业能力能够提高，将培训和就业相互配合，鉴定内容与教学内容相结合，考核方式与教学过程相结合，鉴定结果与学员就业的竞争能力、学校的市场竞争能力有着密切的关系。

3. 农业行业特有工种职业技能鉴定

农业行业特有工种职业技能鉴定有一套严密的工作程序。从考评员入手。职业农民准入制度的建立是一项系统工程，国家相关部门应该结合实际，以深入研究和实践论证为基础，建立起这个制度。

开展新型职业农民的认定，不是设置农民的务农门槛，而是为了树立标杆，鼓励农民朝着新型职业农民的目标去奋斗；与此同时，也是为了确定培养规格和目标，从而形成一种人才培养机制，使得新型职业农民的队伍不断地发展起来。

对新型职业农民开展认定，还会对现代农业主体激励机制的形成起到促进作用，向新型职业农民的政策倾斜，激励农业从业者快速成长。当然，在新型职业农民的认定上，采取一定的差别化认定等级，也有利于不同类型、不同层次的农民向更高目标努力，有利于更多农民的生产水平和经营水平的提升。建立动态认定机制，如年检制度、晋升制度、退出制度等，都是保持新型职业农民这支队伍生机和活力的有效措施。

（三）新型职业农民的资格认证管理

1. 新型职业农民资格证书认证的内容和类型

（1）新型职业农民资格认定的内容（条件）要素。

根据新型职业农民的素养要求和各地对新型职业农民资格认证的经验，一般来说，新型职业农民资格认证标准或认证条件应包含下列基本要素（见下表）。

新型职业农民认证的基本要素

	年龄要求	文化程度	道德要求	学习时数	技能等级	经营规模	经济效益	示范带动
初级	男60岁，女55岁以下	高中以上	较高要求	一般要求	一般要求	一般要求	一般要求	一般要求
中级		高中以上	较高要求	较高要求	中等要求	偏高要求	偏高要求	中等要求
高级		大专以上	较高要求	较高要求	较高要求	较高要求	较高要求	较高要求

（2）新型职业农民资格认定的种类。

根据各地的实践，归纳起来，新型职业农民资格证书分为四种，分别为类别制资格证书、类别等级制资格证书、等级制资格证书和一般性资格证书。

2. 新型职业农民的资格认定办法

（1）等级制职业资格证书认定。

结合农业从业人员的实际素质状况，可以把新型职业农民的资格设置为初级、中级和高级职业农民资格三个等级，并加以认定。比较典型的如山东省招远市的资格认定。

①认定的对象。

年龄需要在18～60周岁之间，且长年从事于果业生产，具备系统的现代农业生产经营管理知识和技能；有科学发展理念，熟悉农业农村政策法规，注重果业可持续发展；具有生产无公害果品的意识，防止污染环境。

②认定需要具备的基本条件。

果园种植规模要在10亩以上，果业年纯收入可达6万元及以上，经济来源主要是果业；具备初中以上学历，自觉参加市里安排的不少于15天的新型职业农民教育培训，学完全部内容；通过参加教育培训，文化素质、生产技能和经营管理水平显著提升；通过实践应用，果业投入更为科学合理，果业发展后劲充足，果品产量、质量和经济效益明显提升；对周边村民有积极影响和带动作用，果园管理的科技含量高，在蔬果科学浇水、推广病虫害生物防治、杜绝使用不规范有机肥等方面可以起到良好的示范作用。

③设置的等级和条件。

新型职业农民分为三个等级：初级、中级、高级。新型职业农民认定所需具备的条件具体如下。

a. 初级职业农民。

具备新型职业农民基本条件，已纳入新型职业农民认定范围，具备以下条件，经考试考核合格，认定为初级职业农民。能带头参加各种培训，自身综合素质高；能带头加入合作组织，抵御风险能力强；能带头推进土地流转，规模经营水平高；能带头推广农业科技，果业生产效益高；能带头发挥示范作用，果园管理水平高；能带头学习政策法规，依法致富能力强；能带头增强环保意识，果品安全质量好。

b. 中级职业农民。

在获得初级职业农民资格证书的基础上，同时具备以下条件，经考试考核合格的，认定为中级职业农民。年龄在18～50周岁之间，具有高中以上学历（或相当于高中）的果农，能积极参加上级有关部门组织的培训班、技术讲座、现场会等，有不少于20个学时的新型职业农民继续教育培训记录。有较高的理论基础和管理技术，能帮助农民解决生产中的技术难题，在村里能够起到示范和带头作用，有较高的群众声望。能在果业专业合作社中发挥重要作用；示范带动20个以上农户从事相关产业，并指导其生产经营，取得理想的收益。应用先进管理方法或新技术、新品种，农产品品质有明显提升，经济效益在上年基础上提高10%以上。

c. 高级职业农民。

在获得中级职业农民资格的基础上，同时具备以下条件，经考试考核合格的，认定为高级职业农民。年龄在18～45周岁之间，具有大专以上（含成人教育）学历的果农，能积极参加上级有关部门组织的培训班、技术讲座、现场会等，有不少于40个学时的新型职业农民继续教育培训记录。基础理论知识深厚，技术管理水平一流，能为农民解决生产中的技术难题，管理技术和生产水平处于我市先进行列。条件如下：创办农业专业合作社；成立农业企业；注册果品商标；果品获无公害农产品认证；果品获绿色食品认证；果品获有机食品认证或其他符合国家标准的农产品认证。

积极从事果业科研和技术推广，普及应用特色高效品种和先进技术，积极开拓农产品销售渠道，带领农户开拓市场，探索农产品生产经营新途径、新办法。带动附近的果农进行老果园改造，新果园开发的工作。改造或者发展果园面积在100亩以上或示范带动30个以上的农户从事相关产业，自身收益在上年基础上增加20%以上，带动农户效益显著增加。

④认定程序。

新型职业农民学员完成全部培训内容后，认定流程如下：学员自愿进行报名，提交相关证明材料如土地流转证明、收入证明以及学历证明等—村委会审核—镇政府审核—领导小组办公室组织人员开展考试考核—村委会、镇政府签章同意—领导小组办公室认定并公示—领导小组办公室向通过认定的新型职业农民颁发“新型职业农民资格证书”并备案。

⑤资格管理。

领导小组办公室定期对新型职业农民进行资格评价和认定，建立完善新型职业农民档案和信息管理系统，建立准入和退出机制，动态管理职业农民。

a. 新型职业农民的政策支持。按照认定标准，定期对新型职业农民学员进行评价和认定，将符合要求的农民纳入新型职业农民队伍。新型职业农民经认定后，优先享受各级政府、各部门相关的支持扶持政策，接受各级政府和培训机构的管理和服务。

b. 资格退出机制。已获得资格的新型职业农民，有违法行为或接受新型职业农民各项管理服务的，不按要求参加培训学习的，因其他原因不愿继续作为新型职业农民的，经领导小组会议研究，给予退出新型职业农民管理体系的处理，收回“新型职业农民资格证书”，不再享受政府和有关部门关于新型职业农民的扶持政策。

（2）类别等级制职业资格证书认定。

依据农业从业人员的职业类型，按照专业技能型、生产经营型和社会服务型等不同类别进行分类，在此基础上，在每个类别中分别设置初级、中级和高级职业农民资格三个等级。

①资格分类和认定权限。

某省先将新型职业农民分为生产经营型、专业技能型、社会服务型和新生代型等四类。该省的职业农民资格认定工作实行“政府引导、农民自愿、严格标准、动态管理”机制，在每个职业类别中，按照高级、中级、初级三个等级进行资格认定。等级认定标准的制定权限为：高级职业农民资格认定标准由省职业农民培育的工作领导小组进行分类和制订；中级、初级职业农民资格认定标准分别由市、县农业行政部门结合当地实际分类制定。高级、中级、初级新型职业农民的资格分别由省、市、县认定。每年认定一次。

②参加培训学时要求。

某省制订了《某省新型职业农民培训大纲》，并以此为要求，制订新型职业农民的具体培训计划。要求初级职业农民培训总学时数不少于600学时有效学习，年限一年；中级不少于900学时，年限二年；高级不少于660学时，年限一年，理论教学和实践教学学时比例为1：2。

某省要求申请高级资格证的培育对象应连续4年参加系统培训，持中级职业农民资格证书1年以上。对于具有农业大中专以上学历，专业技能考核通过，生产经营形成规模，生产效益十分显著，职业道德水平得到群众认可的，可破格进行资格认定。该省还规定，高级职业农民收入应达到当地农民人均纯收入20倍以上，单位面积产量或效益比周边农户增幅10%以上。

③逐级申报制。

职业农民资格认定实行逐级推荐，获得初级职业农民资格证书的方可考核认定中级证书，获得中级证书的方可考核认定高级证书。对获得省部级以上部门表彰奖励且在生产中有重大贡献的，经本人申请可直接参加中级以上职业农民资格认定。

④认定程序。

职业农民资格认定由本人自愿申请，主管部门审核，层层推荐，专家评审，领导小组确认。职业农民资格认定实行评审制，由职业农民资格认定委员会评审，对评审合格的职业农民进行公示，公示无异议的，颁发职业农民资格证书，证书有效期两年。

（3）类别制职业资格证书认定。

新型职业农民职业资格只是按照农业从业人员从事的职业类型来划分类型，即按生产经营型、专业技能型、社会服务型等不同类别来认定新型职业农民的资格。例如，武汉市东西湖区把新型职业农民分成了三种类型：生产型、经营管理型和技术服务型；安徽省南陵县也把新型职业农民分成了三种类型：生产经营型、专业技能型和社会服务型。

①认定对象。

认定对象要求具有一定的土地资源或者资本，并且要长期从事生产、经营和服务工作，且为唯一的经济来源，年收入或者创造经济价值在20万元以上的农业从业者。男性的年龄要求在18～50岁之间，女性的年龄要求在18～45岁之间。

②认定条件。

要求具备奉献精神、热爱农业、具备基本的科学文化素质、服务于农业企业、遵纪守法、敢于进行创新，把从事农业的经营服务为终身信念，且符合以下几项标准。

a. 生产型职业农民：需要初中以上的学历，连续从事农业生产时间不低于三年，具有良好的身体素质、语言表达能力和文字书写能力，无违法犯罪的记录；积极主动地参与农民职业技术的活动，年参训学习达80个学时及以上，具备社会公德和职业素养，不破坏农村环境，符合这些标准的有资格申请认定职业农民。

b. 经营（管理）型职业农民：具备高级学校以上的学历，连续从事农业经营工作时间不低于4年；遵纪守法；讲究诚信；具有风险精神；没有制假贩假的行为，没有接收到不良的投诉或查处记录；具有经营管理能力；积极参加农业经营（管理）工作，可申请经营（管理）型职业农民的资格认定。

c. 技术服务型职业农民：具备大专以上的学历，连续从事农业技术服务工作的时间达到5年及以上；服务态度热情且亲切、认真，没有发生过任何责任事故，不存在学术造假的行为，积极参加各类教育活动。年集训时间达160学时及以上；并且有意愿在农业技术服务中工作，有资格申请技术服务型农民资格认定。

③培训要求。

申报者从申请日起，参加一年期三个档次的职业农民专项业务知识培训学习，完成后才可得到课程合格证书。

申请参加职业农民资格认定的人可自愿报名，通过初审后，参加区级新型职业农民培育项目所拟的培育对象筛选培训班，之后会获得培训结业证书；获得“农民技术资格证书”，或经过相关部门评定了助理级涉农专业技术职称的可以直接申报。

④认定流程。

申请认证的人在获取课程合格证之后，在第二年第一个月向所在街道办事处农业主管部门提出认定的申请，街道办事处对该申请进行七天公示，在没有异议后，上报区农业局，区农业局根据类别按相关标准组织专家来进行考核评估，考核内容中有面试，评估合格的人会由区新型农民培育试点工作领导小组办公室进行七天公示，在没有异议后，由区人民政府向合格者颁发资格证书。

⑤资格管理。

新型职业农民实行动态管理。每年，农业行政主管部门对那些持证的新型职业农民进行考核，合格的人能享受政府出台的相关扶持政策，不合格的人可以参加第二年的考核，合格后就会恢复待遇，仍旧不合格就会暂停这些待遇。连续两年不合格的职业农民资格会被撤销。对于违反国家法律规定，特别是《农产品质量安全法》，造成一定经济损失或社会影响的，直接撤销职业农民资格，并且终身都不可以再申请。

⑥证书管理。

“职业农民资格证书”由区人民政府印制并颁发。由区农业行政主管部门进行管理。一号一证，遗失后不予补办。证书附页印有年检注册专栏，除了区农业行政主管部门以外，其他人不可以加注、涂改相关年检信息，否则证书将作废。证书的有效期是六年，六年年检期满凭借着旧证可以更换新证书。证书真伪和相关信息可以在东西湖区政府网上“职业农民资格证书”查询系统中查询。

（4）一般性资格证书认定。

所谓一般性，即所认定的资格不分类别，也不分等级，统称为“新型职业农民证书”。比较典型的有福建省龙岩市、山东省桓台县等。

3. 加强新型职业农民认证管理的基本原则

（1）加强新型职业农民资格认定的制度。

顶层设计新型职业农民认定管理是一项政策性很强的工作，要坚持以下基本原则：一是政府主导原则。由县级以上（含县级）人民政府发布认定管理办法，明确认定管理的职能部门。认定管理办法中应明确认定条件、认定标准、认定程序、认定主体、承办机构和相关责任；二是认定标准合理原则。要制定科学的认定标准，根据农业从业人员年龄、能力素质、经营规模、产出效益，分类构建新型职业农民认定指标体系；三是农民自愿原则。充分尊重农民意愿，不得强制和限制符合条件的农民参加认定，主要通过政策和宣传引导，调动农民的积极性；四是动态管理原则。要建立新型职业农民退出机制，对已不再符合条件的，应按规定和程序予以退出，并不再享受相关扶持政策；五是与扶持政策挂钩原则。现有或即将出台的扶持政策必须向经认定的新型职业农民倾斜，并增强政策的吸引力和针对性。

（2）将引导农民转型提升作为新型职业农民认定的重点。

在新型职业农民资格认定上，要重点考虑三个方面因素：一是以农业为职业，主要从职业道德、农业劳动时间和主要收入来源等方面考虑；二是教育培训情况，根据我国国情、农情和建设现代农业的要求，应考虑把接受过农业系统培训、农业职业技能鉴定或中等及以上农业教育作为基本认定条件；三是生产经营规模，以家庭成员为主要劳动力且不低于外出务工收入水平确定生产经营规模，并与当地扶持新型生产经营主体确定的生产经营规模相衔接。

（3）建立新型职业农民资格管理支持服务系统。

一是要建立新型职业农民的数据库和信息管理系统；二是要落实支持新型职业农民从业的扶持政策；三是要开展经常性培训和跟踪服务，帮助其提高生产经营水平，引导其更好地履行责任义务。

二、新型职业农民组织运行管理

随着现代农业的不断发展，应该将职业农民作为农业发展的第一要素，因此从管理制度层次角度，要对职业农民在农业领域就业的相关制度进行系统设计；新型职业农民的重要特征就是农民身份的职业化，为了实现这个特征，需要健全社会保障制度。建立城乡统一的户籍制度，城乡一体化的医疗保险、养老保险制度；解决职业农民在就近县域和城镇住房待遇以及下一代教育等社会保障机制，让职业农民能够享受到与城市居民一样的社会保障。

第四节　新型职业农民培育政策体系设计

一、确立土地流转和稳定的土地使用权制度

我国和农村土地使用权有关的法律包括《中华人民共和国农业法》

《中华人民共和国土地管理法》《中华人民共和国民法通则》《中华人民共和国担保法》《中华人民共和国土地承包经营法》等。各法规定的不统一性、农地使用权流转的方式单一性等，与我国农民土地使用权流转的实际情况和发展趋势不符合。土地制度的完善对新型职业农民的培育起到了不利的影响。如果想实现现代化农业生产规模化和集约化，就需要建立合理且科学的土地流转制度。为此，需要积极探索，使得土地可以有效集中，进而实现规模化生产经营。土地是农业发展中不可缺少的一大生产要素，只有使其流动起来才有可能实现最优配置，进入市场后才会产生有效的交换价值。所以土地流转应该遵循平等、自愿、有偿的原则，按照市场机制来运行，这样保证土地集中，进而实现现代农业发展的规模化，为新型职业农民的培育创造有利条件。为此要建立有利于推动土地经营向集约化发展方向的制度，改变土地分散、生产效率低的现状，鼓励和支持以新型职业农民为主的现代农业经营主体拥有土地经营权。这有助于提高土地资源的利用率和产出率，推进适度规模经营，提升综合生产能力，保障农业的可持续发展。

二、建立城乡一体化户籍管理制度

现有的户籍制度限制了农村与城镇的人口流动，对培育新型职业农民来说是一种制约。所以要加快改革速度，尽快挣脱地域的限制，改变目前城乡二元分割的情况，使得居民和农民的身份能够转换自如，使得大家都尊重农民，关心农业的发展情况，提升农民的社会地位，为培育新型职业农民提供良好的社会环境。此外还应创新依附在户籍制度上的社会保障制度，在城镇的社会保障体系，如医疗、养老、失业保险等方面中纳入农村人口，具有一个制度保障。

三、完善城乡一体化社保及养老制度

完善城乡一体化社保及养老制度，有助于城乡二元化的经济和社会结构的破解。我国一直实施的发展策略是以农业来促进工业，以农村来支持城市，而且城市居民有较为全面的各种社会保障体系，但是农村在这些方面的保障非常低，有的还处于空缺，这些原因都导致城乡发展的二元化越来越严重，城乡差距也越来越大。城市居民的人均可支配收入与农村居民的差距越来越大。因此对农村的居民推行普惠制的养老保险加上“新农合”，对于农民减轻生活负担来说会有很大的帮助，可以使城乡的社会保障水平有所缩小，有助于实现城乡统一保障体系的链接，进而对加快农村劳动力的正常流动起到一定的促进作用，使得农民的就业渠道增加，非农收入增加，缩小城乡居民收入的差距，加快城镇化进程，最终实现城乡统一发展社会经济目标。

四、支持职业农民培育教育及精准扶贫制度

对职业农民培育教育的重视，一方面体现在积极实施职业教育经费的投入政策。对新型职业农民进行培育属于公益工作，政府公共财政作为培训投入的主要渠道。目前，我国教育经费投入并不高，尤其是用在农村职业教育的经费也比较少。所以国家各级财政首先需要做的就是在财政预算中把新型职业农民的培训经费加入进去，逐年加大经费，并且制定相关的政策来强化经费的集中管理，力求达到专款专用，发挥资金的最大效益。

各级政府与相关的主管部门需要建立起一套较为完整的精准扶贫制度。若想使现有的职业农民队伍具有稳定性，那么，各级政府需要重视现有农民的职业培训。对农村的示范户、实用人才、土地使用等方面给予一定的优惠和补贴。而且应该激活那些潜在的职业农民，制定激励政策，吸引大家来务农。实现方法可以是国家出台相关政策，支持农村的初中、高中毕业生免费就读职业院校的涉农专业，对于那些有创业想法的持证农民，政府可以提供就业咨询、信息服务和风险支持、低息或无息贷款，减免税收等政策来鼓励农民创业。

五、构建支持职业农民培育财政金融体系

构建支持职业农民培育财政金融体系：其一是要引导金融机构加入新型职业农民创业项目，继续投入信贷资金，积极引导民间资金流向新型职业农民创业项目；其二是敢于尝试股份制办学，积极推行董事会或者理事会制度，吸引社会上的其他企业参股投资新型职业农民项目；其三是制定鼓励政策，使农民愿意自主创业，对有创业想法的农民，可以给予一定的创业补贴、减免行政事业性收费、优先申请小额担保贷款等各种优惠政策。此外，政府还可以设立创业基金和投资风险基金，鼓励农民创业，对于涉农专业的毕业生创业，可给予补助和优惠。

第七章　现代生态农业视域下新型职业农民培育的运行机制与路径

本章论述的是现代生态农业视域下新型职业农民培育的运行机制与路径，分为两部分：新型职业农民培育路径和新型职业农民培育的运行机制，如下围绕着这两部分展开论述。

第一节　新型职业农民的培育路径

新型职业农民培育路径主要从专业化、产业化、组织化、依托高等农业学院和依托现代农业园区这几个方面来展开。

一、专业化

我国新型职业农民划分为三类：生产经营型、专业技能型和社会服务型。不同类型的新型职业农民对技能种类的要求也不一样。

（一）生产经营型

生产经营型的职业农民指的是具有耕作、栽培、灌溉、施肥等基本生产技能的农业人员。如果他们生产的产品获得“无公害农产品证书”或“绿色食品证书”，则表示他们具有更高的技术水平。

（二）专业技能型

专业技能型职业农民指的主要是那些长期从事农业劳动作业的农业工人、雇员等，要求他们具有娴熟的专业技能，应获得相关技术培训的结业证书和相关产业的职业技能证书、职业资格证书等。

（三）社会服务型

社会服务型新型职业农民主要是指那些为农业生产经营服务的人员。如果从事农机服务的新型职业农民需要具有“农业机械操作证书”“农机维修证书”等，那么从事畜牧、水产养殖业技术服务的新型职业农民需要具有“动物防疫员证书”“动物防疫资格证书”等。

二、产业化

（一）与特色主导产业发展相结合

新型职业农民要想使其收入增加，最终走向致富的道路，就务必把特色主导产业作为主要产业，也务必加快推进农业产业化经营。只有先有了主导产业，农民才有可能在农村发展生产；农民才能在特色主导产业中将经营理念提升，农业产业链延长，农产品附加值增加，农业产业规模扩大，农产品市场竞争力增强。使农业抵御自然灾害的能力不断增强，抵御市场风险的能力不断增强。新型职业农民专业化的技术岗位针对农民的素质技能提出了更高的要求。通过培训农民专业技能，培训以产业需求为中心，培训在产业链中不断成长起来，为产业的发展以及产业的扩张源源不断地提供人才支持。

（二）与新型经营主体建设相结合

现代农业发展推进的核心是加快培育新型经营主体，现代农业发展推进的基础也是加快培育新型经营主体。一些新型经营主体（如家庭农场、农业产业化龙头企业、种养大户、农民专业合作社、农业社会化服务组织等）在近些年来出现了很多，并成为发展现代农业的主导力量。新型经营主体通过对各种生产要素进行科学组合和集约利用，使得生产成本大大地降低了，交易成本也大大地降低；新型经营主体把生产前的服务和生产后的服务都看得很重要，交给农民的只有生产环节，这样一来，既消除了农业生产中的技术风险，市场风险，决策风险，还降低了新型职业农民的成长成本，我国农业商品化程度低和农产品市场一体化程度低的问题得到了有效解决。这对新型职业农民的成长非常有利。

（三）与农民教育培训专门机构建设相结合

由于新型职业农民培育与国家战略有关，属于公益性质，政府高度重视，为此一定要有一个稳定机构将其落实下去。

1. 规划

关于新型职业农民的培训，由于新型职业农民的成长不一样，区域也不一样，就要具备从上而下的专门机构为其制定详细的培育计划，这些计划不光要有具体措施，也要有战略，有指导思想，重要的还要与产业布局相结合。

2. 协调

新型职业农民培育需要对农业教育资源进行组织和整合，要将农业院校和科研院所以及推广部门的作用充分发挥出来。

3. 调控

关于资金、人数和服务，要依据国家的战略和政策的目标来进行调控，对土地流转、农业保险、社会保障、技术推广等部门之间的配合进行协调。

4. 检验、管理和服务

对于新型职业农民来说，一定要将他们培育后的跟踪服务加强，而指导服务也要加强。当新型职业农民在实践中遇到一些困难和问题的时候，一定要积极地引导和指导他们，使其今后可以独立克服困难。

（四）以市场为导向

现代农业产业化的特点是要把农产品生产、加工、销售相整合，实现农、工、商一体化，这要求职业农民的经营方式必须由自给自足的小农经营转变为以市场为导向的产业化经营。为此，要将职业农民培育成为会经营、善管理的具有企业家精神的市场经济主体。相应地，应该培育职业农民的市场意识，使其参与市场竞争，以开辟新的市场空间；增强其获取营销知识和进行决策的能力；提高农产品生产经营领域的创新意识和管理水平，培养全局性、战略性的经营思维，在更高层次上实现农业生产要素的优化配置；通过调整生产结构，发展多层次、多元化和多地区的各具特色的生产组合。

三、组织化

（一）新型职业农民联合与合作的必要性

传统的农民囿于分散、封闭的小农生产方式，分工主要限于家庭内部，对农业的社会化服务需求较少，因而其组织意愿和组织能力较弱，难以支撑现代农业的发展。相反，新型职业农民专注于农业产业链的特定环节，专门从事农业生产经营的某个领域，分工分业特点明显，因此为了协调合作，新型职业农民需要具备组织能力。此外，作为理性经济人，新型职业农民从事农业生产的主要动力是尽可能多地获取利润，因而其生产经营主要以市场需求为导向。为了应对瞬息万变的市场需求、降低交易成本和经营风险，职业农民必须掌握足够的信息、资源，因而联合起来构建不同的农业经济组织是必然的选择。

（二）农业经济组织是新型职业农民培育的重要载体

市场化是新型职业农民发展的关键环节，而农业经济组织以市场为导向，是农业生产直接与市场对接的重要渠道。依托农业经济组织，个体职业农民能够提高生产能力、抗风险能力和信息获取能力，从而提高其市场化程度。此外，新型职业农民的本质属性决定了农业产业化、市场化水平较高，土地规模化、机械化经营较普遍的地区会率先出现职业农民。很多农业经济组织是伴随农业产业化、规模化、农民职业化出现的组织形态，因而有利于组织开展各种职业农民教育和培训工作。不仅如此，农业经济组织往往是根据当地的农业产业链环节和农民从事的具体农业经营来构建的，既符合当地农业发展的实际情况，又与当地的农业生产密切挂钩。因此以农业经济组织为载体培育新型职业农民可以做到有的放矢。

四、依托高等农业院校

由于我国新型职业农民培育良性运行机制还不够完善，我国新型职业农民的培育还要根据不同经济区域、不同产业领域、不同的培训目标选择不同的培育模式[1]。

高等农业院校必须全面贯彻党的教育方针，坚定服务“三农”的决心不动摇，可着重从四个方面来满足培育新型职业农民的需求。

第一，高等农业院校应肩负起为农业现代化和新农村建设培养专业人才的重任，深化体制改革，积极改进办学模式，健全机构设置，加强组织领导，为涉农学科服务于新农村建设提供组织保障[2]，拓宽直接面向农民的高等教育办学领域，着力培养新农村建设急需的理论与应用型人才。

第二，高等农业院校应对基础研究和应用研究采取“两手抓，两手都要硬”的策略，既发挥高新技术在农业领域的引领作用，又可以使高新技

[1]赵帮宏，张亮，张润清.我国新型职业农民培训模式的选择[J].高等农业教育，2013（4）：107—112.

[2]陈玉江，张国才，王文东，等.吉林大学涉农学科服务于新农村建设的实践与思考[J].农业科技管理，2012，31（4）：73-76，96.

术被农民所迅速掌握，打造真正具有先进科技理念、掌握先进知识、熟练运用先进技术的新型职业农民。

第三，为培育出具备一定经营管理素质、掌握一定经营管理知识和技能、组织并带领农民参与市场经营活动的新型村干部及农业带头人，高等农业院校应建立多层次、多渠道的培训模式，促进农村干部队伍及农业带头人业务素质、管理水平和决策能力的提高。

第四，结合新型职业农民在新农村建设过程中的具体需求，进一步完善高等农业院校服务新农村建设的内部机制，[1]结合实际进行人事管理、科研组织、社会服务以及人才培养等方面的综合改革，制定相关约束、激励等管理运行机制，锻炼科研队伍，促进学校教学观念的改革。

五、依托现代农业园区

在开展新型职业农民培训中，依托现代农业科技示范园区，建立职业农民培训基地，由院校专家教授和园区技术团队组建职业农民培训师资队伍，对种养殖专业大户和科技示范户、农业龙头企业和合作经济组织负责人、返乡创业农民等，开展系统性、专业化培训，为现代农业发展提供人才智力支撑，在新型职业农民培训领域进行有益的实践与探索。

（一）依托现代农业园区的科技示范园（场），建立职业农民培训基地

在推进现代农业园区建设中，按照“建一个农民培训基地、办一所农民培训学校、带动一个产业开发，促进一方经济发展”宗旨，把开展职业农民培训作为首要任务，在园区设置培训教室和实验室，周边建设科技试验田、示范园、养殖场，再聘请农业科技专家在园区进行科研和技术培训、现场指导和大田示范。这种专家教授和技术团队对农民面对面讲课、手把手指导的现场培训，从而可以实现专家与农民的有效对接。农民看得见、摸得着、学得懂、用得上。现代农业园区不仅成为科技成果创新、农业新技术推广的基地，还可以成为设在田间地头、农业产业带上对职业农民开展现场培训的基地和课堂。

（二）在现代农业园区辐射带动的产业区域，开展系统性的专业培训

为加强实践教学，提高培训实效，在畜牧业、特色果业、设施蔬菜集中产区，依托农业科技示范园（场）、专业生产基地、畜牧养殖小区等，

[1] 丁林志.试析高等农业院校服务新农村建设的功能与措施[J].高等农业教育，2010（2）：27-29.

建立职业农民培训课堂，针对农民发展产业的科技需求，进行专科讲授和实践演练。按照农牧业和区域特色产业的生产周期，把所需的专业生产知识和技能集成整理，形成系统性的产业培训教材，专业培训不少于150~200学时，理论知识与实践操作紧密结合，完成培训后将达到新型职业农民（高级奶农、高级果农、高级菜农）的专业要求。

（三）以现代农业园区为主导，推进职业农民培训科学化和规范化

现代农业园在开展新型职业农民培训工作中，对培训教师的要求是既能讲授理论知识，又能实地演示操作技能，园区聘请院校专家教授担任首席专家，领衔新型职业农民培训工作，以园区的技术团队为主体，吸收农业生产第一线脱颖而出的“土专家”，组建合理的教师队伍。除在主导产业的集中产区开设培训课堂外，根据生产季节，采取向学员赠送技术手册、发放技术光盘和技术资料、现场解答问题等形式，帮助农民更好地掌握和运用所学的知识和技能。参加学习的职业农民完成全部培训内容后，对学习绩效和教学工作进行评估。通过考核评估，分别授予农民高级奶农、高级菜农、高级果农资格。

（四）将园区专业培训与新闻媒体宣传进行有机结合

广播电视等新闻媒体为农民科技培训提供了广阔的发展空间和有效的传播途径。在园区开展职业农民专业培训的同时，也要充分发挥新闻媒体的宣传作用，创办农民培训专题栏目。坚持“面向农村、突出科技、注重实用、服务农民”的宗旨，按照农事季节，因时、因地制宜，对农业科技新成果、农牧业新品种、种养殖实用技术和先进的致富典型，制作农业专题片，在电视台宣传播放。

第二节　新型职业农民培育的运行机制

一、新型职业农民培育的保障机制

要想让新型职业农民培育工作取得显著的效果，最重要的就是将新型职业农民身份的含金量充分地提高。因此在对新型职业农民培育的过程中，不光要做到服务到位、培训到位、认定管理到位，还要把各项扶持政策真正地落实到位，建立起一整套完善的新型职业农民培育保障机制，才

能提高新型职业农民投身农业的积极性，降低农业生产的风险性，加大对农业生产的投入，使培育工作取得实效和长效。将新型职业农民培育的目标责任机制和投入保障机制建立起来，这是新型职业农民培育保障机制的基础条件，并且还要通过检查督促、绩效考评，从而可以将各部门落实政策的力度提高上去，最终将各项政策执行好。

（一）建立新型职业农民培育的目标责任机制

到目前为止，农民教育的培训还被一些地方当作“软任务”来执行，如果不认真落实新兴职业农民培训工作，那么培训工作就不会显示出好的效果。因此，把目标责任机制尽快地建立起来和充分完善，这对于提高各级政府及有关部门的工作责任感来说，都是很有必要的，同时对于提高各级政府和有关部门的主动性也是很有必要的。

1. 管理责任书制订

起初由省政府组织，然后与省、市、县培育工作目标管理责任书一起进行探讨并制订。同时，根据新型职业农民培育机构的管理体制情况，由市和县两级教育行政部门与新型职业农民培育机构签订相应的目标管理责任书。通过目标管理责任书，将实施新型职业农民培育的年度目标和任务，分别落实到各级政府和其有关部门以及各类新型职业农民培育机构。把新型职业农民培育工作作为各级政府目标责任制的一项考核。把农民的知识化作为实现农业现代化的重要指标，把农民的职业化也作为实现农业现代化的重要指标，把农业工作的重要任务看作农民的“培训→考核→发证”，并且将这份工作贯彻落实好，根据培训的人数核算好培训资金，并且对职责分工进行明确，也要明确奖惩措施，推动和落实各地的培训资金，将培训任务分开，一步一步地实现，再增添一些新的培训设施，加强对农民的培训管理工作，从而保证培训具有显著的效果。

2. 农民合作组织的建立

农民合作组织是农民集体发展的一个平台，由于市场经济存在着各种风险，农民合作组织作为一个集体，风险就应该共同面对，共同解决难题。当农民合作组织中的个体遇到困难时，农民合作组织应充分发挥成员之间的互助精神，一起排忧解难。通过把利益分配机制建立和完善，不仅可以调动合作组织发起人的积极性，也可以调动生产大户的积极性，还可以保护大多数成员的利益，真正地实现“民办、民营、民受益”，这对培育新型职业农民的工作非常有利。

（二）落实新型职业农民培育的投入保障机制

关于职业农民教育培训经费，要加大投入力度，将培训专项列到当地的财政预算中，并且随着社会经济的发展，培训费用也在逐年的递增。农民教育培训工作具有三大特色：基础性、公益性、社会性，政府公共财政应当承担主要投入责任。很长时间以来，农民教育培训投入一直没有明确的标准和依据，经费严重不足，导致农民补贴标准偏低、培训质量不高、教育培训项目规模偏小、基础设施落后。要按种养规模安排基层农技推广工作经费，保障农民教育培训工作长期稳定发展。这个时候，可以把相关做法作为参照，把每个受训人员的投入标准规范明确，并且把各级财政的承担比例制定明确。

将培育投资渠道拓展开来，从而建立起由政府引导，学校、企业、个人共同参与的多元化投资体系。需要从以下三个方面做起。

1. 设立专项培育资金

设立专项培育资金，就是各级政府在进行财政预算的过程中，财政预算也要将培育新型职业农民的费用加进去，使农业补贴和农业投资以及农业生产优惠贷款增加的同时，加大培训新型职业农民的财政投入。

2. 加大创业信贷支持

由于新型职业农民在创业的过程中需要现金投入，对于新型职业农民贷款需求，政府可以出台相关政策和文件，如减免农场经营税收、低息贷款、资助购置大型农用设备等，给予支持。

3. 拓宽创业融资渠道

对于新型职业农民的创业，国家要持鼓励和支持的态度，帮助他们把融资渠道拓宽，不光要鼓励金融机构在新型职业农民创业过程中给予信贷支持，对社会企业行业参与新型职业农民创业项目还要持鼓励的态度，同时鼓励新型职业农民发挥他们的主体性，让他们自己积极主动去寻找和吸引企业的资金支持。

4. 享受农业扶持政策

（1）农业龙头企业和合作社要想享受政府的补贴政策，就必须接受新型职业农民培训的相应人员，并且还要取得资格证书。

①对农业龙头企业和合作社的经理或理事长有所规定，要求其必须取

得新型职业农民资格证书。

②如果农业企业或合作社年销售额在500万元以下，要求其必须有1人以上取得新型职业农民资格证书。

③如果农业企业或合作社年销售额在500万～1000万元之内，要求其必须有2人以上取得新型职业农民资格证书。

④如果农业企业或合作社年销售额在1000万元以上，要求其必须有3人以上取得新型职业农民资格证书。

如果农业龙头企业和合作社符合上述任意一条，那么在各级农业产业化龙头企业或示范合作社评定时，就有优先被推荐的权利；在享受贷款贴息、农产品以及质量管理体系认证、农产品营销和品牌建设等补贴按政策给予优先优惠；在享受支农资金项目扶持方面，也有被优先推荐的权利。

（2）对于那些凡是取得新型职业农民资格证书的本地专业大户（含家庭农场），在他们创业发展的过程中，都要给予政策支持。根据专业大户（含家庭农场）现有种养规模、生产经营能力、家庭常年务农人员数和农产品安全生产责任意识等综合评定，凡是符合条件的，在土地流转方面给予相应优惠政策，在农机具购买方面也给予相应优惠政策，还在农业基础设施建设等方面给予相应优惠政策。

5. 先进性奖励政策

奖励那些优秀的新型职业农民学员。按照培训学员的考试成绩、效益、出勤、规模、诚信等评选条件，将20%的学员评为优秀学员，并给予一定的奖励，奖励额不得高于2000元。

在对新型职业农民扶持的方面要做到以下八点。

（1）将财政投入加大。

关于新型职业农民培育专项资金，县财政应该每年有120万元的预算，主要用在新型职业农民信息化建设、生产扶持、考察学习，每年评出30名示范新型职业农民，并且每人奖励3万元；每年也要评出30家县级示范家庭农场，并且每个县级示范家庭农场奖励3万元。

（2）项目扶持。

凡是与农业有关的项目，在申报的时候都要以新型职业农民优先，同时新增的惠农补贴资金也要以新型职业农民优先。

（3）将担保服务体系健全。

由县政府投资组建的农民创业担保基金，主要是为新型职业农民贷款担保和贴息服务的。

（4）减免税费优惠。

对新型职业农民生产经营收入减免所得税、营业税，自产自销农产品免征增值税。

（5）用地用电保障。

对于具有发展规模经营的新型职业农民来说，那些直接用于农业产品生产的设施用地，凡是经过批准，就不用再办理农用地转用审批手续。对于从事种植和畜禽及水产养殖用电的新型职业农民来说，他们的用电按照农业生产用电价格执行，对于他们所需要的用电服务要优先办理。

（6）金融信贷支持。

将创业担保贷款落实下来，关于培育新型职业农民这一块，每年在县创业富民资金中安排不得低于1亿元的财政贴息贷款。

（7）将金融信贷环境优化。

新型职业农民可以用益物权，如土地承包经营权、林权、农村房产等进行抵押融资。

（8）将社会保障完善。

允许新型职业农民到城市安家，并且对他们制订一个社会保障政策。

二、新型职业农民培育的质量保障机制

现今新型职业农民的培育工作还在进行中，各方面机制都还不够完善，需要进一步提高培育的质量，将新型职业农民培育的质量机制建立和健全，是个特别重要的工作。现阶段，新型职业农民培育的质量机制实行，不光要把阶段性目标明确，还需要把长远的工作目标和任务落实下去，将约束机制强化，坚定不移地持续推进。

（一）建立新型职业农民培育全程督导机制

为了将新型职业农民的培育推行下去，要建立起新型职业农民培育全程督导机制，并且不断完善，把实施新型职业农民培育的主要目标和任务落实情况作为全程督导的重点。

1.要制订督导评估指标体系

根据新型职业农民培育工作目标管理责任书，将相应的督导评估指标体系制定出来。通过督导评估指标体系，将实施新型职业农民培育的目标和任务分别落实到各级政府和其有关部门以及各类新型职业农民培育机

构。第二年，在各级教育督导部门的引领下，根据督导评估指标体系，对有关部门和下级政府以及新型职业农民培育机构的目标管理责任制执行结果进行督导评估，根据督导评估结果划分等级，对那些做得好的有关部门和下级政府以及新型职业农民培育机构进行表彰奖励。

2. 要加强过程管理，增强督导管理的实效性

根据新型职业农民教育培训目标和要求，将新型职业农民教育培训管理制度建立起来，并不断完善，要将招生管理和培训管理不断规范，经费管理也要不断规范。把新型职业农民教育培训工作的考核办法制定出来，绩效评价指标体系也制定出来。将新型职业农民教育培训评审的专家队伍建立起来，从而可以将新型职业农民教育培训质量评估工作开展起来。不断加大新型职业农民教育培训工作和监管力度，在教育培训质量的考核过程中要严格管理，加强督导检查，对于新型职业农民教育培训质量和效果要有所保障。

3. 努力提高评估信度

对于督导评估指标的内涵要正确理解和科学把握，根据督导评估指标，将目标任务部署工作和指导工作确定下来，定期对下级、本级各有关部门管理责任制实施工作进行调度，及时掌握实施情况，对实施过程中的实际问题进行分析研究，并适时采取相应的对策和措施，及时解决问题和矛盾，促进实际工作的改进。对于督导评估的模式要善于改进，将信息来源渠道拓宽，评价技术也要不断改进，将评估信度提高。

（二）谋划新型职业农民培育跟踪服务机制

培训新型职业农民是一项系统工程，可以分为培训前、培训中、培训后三个阶段。其中培训前要做的工作就是对新型职业农民激励和保障，培训中要做的工作就是新型职业农民的管理，培训后要做的工作就是对新型职业农民的跟踪服务。最重要的是培训后的跟踪服务工作，这更是使培训效果有效增强的最有效方法。但目前新型职业农民培育体系建设一般只考虑培训过程中各个环节的管理工作，看重新型职业农民培训的培训课程、培训经费保障、政策支持和培训方法，往往把新型职业农民培育的后续管理工作忽略，跟踪服务工作不重视，于是出现了“只开花不结果”的现象。很多经过新型职业农民培育的农民，想把在培训中学到的知识和技能运用到实际的操作中，但在实际的操作中却遇到了很多困难，而又没有后续的帮助和指导以及各种政策和部门的约束，很快又

陷入困境。在将新型职业农民的培训大力推进的同时，培训后怎样对新型职业农民做好跟踪服务，也就是帮助新型职业农民在实际工作中，怎样把知识转化为能力，怎样在实践中运用所学到的理论，怎样把能力转化为成果，促进他们发挥示范、主干、辐射等作用，怎样延伸和扩大培训成果，这对于培训机构和教育管理部门来说都是一项重要课题。因此，我们应该根据当前新型职业农民培育实际情况，将新型职业农民培育后的跟踪服务谋划好。需要从以下三个方面做起，即健全跟踪服务制度，明确工作任务和工作责任，制定出体现以新型职业农民为本的跟踪服务计划，完善学员在新型职业农民培育的后续技术支持和相关社会服务体系。

1. 健全跟踪服务制度，明确工作任务和工作责任

关于新型职业农民的跟踪服务，虽然有一些明确制度，但在实际操作中却发现了管理责任不明确的问题。因此要明确相关部门的责任和工作，明确培训者的责任和工作，明确参训学员的责任和工作，明确学校负责人的责任和工作。针对这些问题，从以下两点做起。

（1）新型职业农民的跟踪服务和指导是一项系统性工作，所以培训后跟踪服务不是某个单独的部门能够完成的，需要地区之间横向协调，部门之间通力支持。县、乡镇要形成培训合力。

（2）在学员的学习管理上，通过问卷、访谈、学习表现记录、课堂观察等方式，明确跟踪服务的内容。根据每位新型职业农民自己制订的职业生涯规划，量身定做跟踪服务的内容和项目，精心设计全程性的跟踪管理内容，对于学员在生产发展中遇到的困难和问题要及时了解，采取双向联系跟踪，从而可以将和谐的培育氛围营造出来，努力做到“培训一人，扶持一人，成才一人”。

2. 制订体现以新型职业农民为本的跟踪服务计划

对于“一厢情愿”的新型职业农民培育的后续跟踪服务机制要敢于打破。新型职业农民培育的中心应该是新型职业农民，新型职业农民培育的出发点和归宿就是满足学员的需求，对每位参训学员都要设立“量身定制”的跟踪服务。为参训学员建立个性化档案，实施有的放矢的后续培训。为了能够实现学员的近期目标和终身发展，应该根据学员在培训时的评价等级以及其所处的不同发展阶段、不同发展方向，对参加培训学员建立个性化的信息资源库，让每位学员在不同的专业发展阶段都能得到他们真正需要的服务。

3. 完善学员在新型职业农民培育的后续技术支持和相关社会服务体系

为了能够方便地了解新型职业农民的情况，相关部门和培训机构应该根据先前制订的计划，通过“面对面”和在线学习相结合的混合模式实现跟踪服务渠道的双向畅通。同时定期开展“问题解决式”的学员与学员之间、学员与专业技术人员之间的探讨活动。譬如，可以每月针对性地开展学员在创业过程中出现的问题的研讨活动。在活动中，不光要开展传统的教研课，对自己在农业实践过程中处理该问题时的相关经验，各位专家和每位学员还要进行讨论，从而将解决问题的方案拟定出来。

另外，由于学员和专业指导不在同一个地方、时间和精力也都很有限等问题，应该开辟在线服务，通过现代化的通信手段进行快捷、便利的跟踪指导。通过建立专业人才资料库实现各地区专业技术人才的共享，实现优质专业技术人才最大的社会价值。除了通过互联网手段达成专业技术人才的共享，还需要通过互联网构建网上交流平台，确保参训学员与学员之间、学员与专业技术人员之间在培训后还能保持通畅的联系，当遇到实际问题时，能及时向专业技术人员求教或与其他学员进行交流、探讨，做到互通有无。同时还要鼓励专业技术人员和优秀村级技术人员设立一些现代化网络平台，如“教育博客”和微信公众号等，与学员之间交流农业技术经验、解答疑难问题等活动。

在新型职业农民的跟踪服务和指导的实施阶段，关于实践和创业过程中的工作，为了学员能够顺利地进行，要进一步强化社会服务体系建设，把新型专业农民的劳动生产率提高，规模效益提高，抗风险能力提高。

4. 要定期评价新型职业农民培育的跟踪服务的质量并不断发现不足之处

对于新型职业农民培育效果的评判应从两点做起，即让学员评价，各个负责单位和个体通过跟踪服务对学员进行评价。

第一，让学员进行评价。新型农民培育的对象就是学员，跟踪服务的内容与方式是否结合于学员工作，是否对学员的实际工作起到真正的帮助作用，最有发言权的就是学员。

第二，各个负责单位和个体通过跟踪服务，评价学员的态度是否有所变化、理论是否联系实际并运用于实践，学员是否在创造性地从事自身的职业活动，对自身的发展是否起到激励作用。在学员评价跟踪服务和各部门个体评价学员之后及时找出差距并研究改进策略，对跟踪服务过程中的问题进行处理，对经验进行归纳，并建立档案，作为以后可借鉴的宝贵财富。同时要科学合理地评价培训者的选择和整个跟踪服务的培训方案课程的设置以及服务的方式，把需要解决的问题放到下一步，这是下一步工作制定计划的出发点和凭证。

参考文献

［1］郑军，史建民．我国生态农业研究述评［J］．东农业大学学报2007（1）：91–97．

［2］安忠花．我国生态农业现状与发展前景［J］．现代农业科技2015（23）：270–271．

［3］游武．福建省生态农业建设的回顾与发展对策［J］．福建农业科技，2015（10）：82–84．

［4］骆世明．论生态农业的技术体系［J］．中国生态农业学报，2010(3)：225–225．

［5］骆世明．论生态农业模式的基本类型［J］．中国生态农业学报，2009(3)：405–409．

［6］吴振利．论新形势下的新型职业农民培育［J］．农业经济，2018（04）：67–69．

［7］杨海琴，邢旭英．推进新型职业农民培育工作的思考与建议［J］．农业科技通讯，2018（02）：26–28．

［8］武惊涛．新型职业农民培育效果的影响因素及提升对策［J］．现代农业科技，2018（07）：276–277．

［9］丁红玲，郭晓珍．新型职业农民培育制度体系框架构建研究［J］．中国成人教育，2018（02）：152–160．

［10］李伟．新型职业农民培育问题研究［D］．成都：西南财经大学，2014．

［11］彭飞龙，陆建锋等．新型职业农民素养标准与培育机制［M］．杭州：浙江大学出版社，2015．

［12］马建富，吕莉敏等．职业教育视阈下的新型职业农民培育研究［M］．北京：科学出版社，2015．

［13］董正华．走向现代的小农［M］．北京：中国人民大学出版社，2014．

［14］费孝通．乡土中国［M］．北京：北京出版社，2005．

[15] 李燕萍，涂乙东．新型农民开发与新农村建设［M］．武汉：武汉大学出版社，2012.

[16] 陆学艺．“三农论”——当代中国农业、农村、农民研究［M］．北京：社会科学文献出版社，2002.

[17] 孙津．中国农民与中国现代化［M］．北京：中央编译出版社，2004.

[18] 翁贞林等．新型农民培育的理论与实践［M］．北京：中国农业出版社，2006.

[19] 杨茹，宋国恺．国外农民的职业培训［M］．北京：中国社会出版社，2010.

[20] 赵红邦，张亮等．我国新型农民培训模式研究［M］．北京：光明日报出版社，2011.

[21] 庄锋，沈娟．新型职业农民身份必备［M］．北京：中国社会出版社，2010.

[22] 刘志，牛云红．新型职业农民素质能力培养［M］．北京：中国农业科学技术出版社，2015.

[23] 唐珂．中国现代生态农业建设方略［M］．北京：中国农业出版社，2015.

[24] 李素珍．生态农业生产技术［M］．北京：中国农业科学技术出版社，2015.

[25] 刘彦随，龙花楼等．中国农业现代化与农民［M］．北京：科学出版社，2014.

[26] 黄国勤．农业现代化概论［M］．北京：中国农业出版社，2012.

[27] 孙前进．农村改革与农业现代化建设［M］．北京：中国财富出版社，2012.

[28] 中国科学院中国现代化研究中心．农业现代化的趋势和路径［M］．北京：科学出版社，2017.

[29] 罗树远，熊俊等．新型职业农民培育综合知识读本［M］．北京：中国农业科学技术出版社，2010.

[30] 肖小虹．农业发展方式转变中新型职业化农民培育研究［M］．北京：科学出版社，2017.

[31] 王学平，顾新颖等．新型职业农民创业培训教程［M］．北京：中国林业出版社，2016.

[32] 彭晓明，张锴．新型职业农民培育必读［M］．北京：中国农业科学技术出版社，2015.

［33］梁建柏，李显生．新型职业农民培育综合技术读本［M］．北京：中国农业科学技术出版社，2014．

［34］沈琼．中国新型职业农民培育研究［M］．北京：中国农业出版社，2017．

［35］袁海平，顾益康等．新型职业农民素质培育概论［M］．北京：中国林业出版社，2017．

［36］叶兴庆．新时代中国乡村振兴战略论纲［J］．改革，2018（1）：65-73．

［37］杨德才．三农迷局：路在何方———从梁漱溟到舒尔茨的思考及其启示［J］．江海学刊，2009（2）：167-170．

［38］林毅夫．关于社会主义新农村建设的几点建议［J］．北方经济2006（3）:5-6．

［39］陈锡文．关于建设社会主义新农村的若干问题［J］．理论前沿，2007（1）：5-10．

［40］夏益国，宫春生．粮食安全视阈下农业适度规模经营与新型职业农民——耦合机制、国际经验与启示［J］．农业经济问题，2015（5）：56-63．

［41］朱启臻．新型职业农民的内涵特征及其地位作用［J］．中国农业信息，2013（5）：16-18．

［42］胡小平，李伟．农村人口老龄化背景下新型职业农民培育问题研究［J］．四川师范大学学报(社会科学版)，2014（3）：57-63．

［43］朱启臻，胡方萌．新型职业农民生成环境的几个问题［J］．中国农村经济，2016（10）：61-69．

［44］童洁，李宏伟，屈锡华．我国新型职业农民培育的方向与支持体系构建［J］．财经问题研究，2015（4）：92-95．

［45］宋新乐，朱启臻．新型职业农民的职业精神及其构建［J］．西安交通大学学报(社会科学版)，2016（7）:111-115．

［46］杨璐璐．乡村振兴视野的新型职业农民培育：浙省个案［J］．改革2018（2）：132-144．

［47］杨艳丽，李丽，李冰．乡村振兴战略下新型职业农民从业素质提升研究［J］．成人教育2018（2）：67-69．

［48］王佳宁［J］．乡村振兴视野的梁家河发展取向［J］．改革，2017（11）：16-18．

［49］张伟．农业经济新常态下新型职业农民“四个意识”培育探讨［J］．经济研究导刊2017（32）：25-26．

[50]西奥多·舒尔茨．改造传统农业[M]．梁小民，译．北京:商务印书馆，2010.

[51]李瑛，张燕．延安新农村建设进程中农村人才培养模式的构建[J]．农业经济2009（10）：27–29.

[52]叶俊焘，米松华．新型职业农民培育的理论阐释、他国经验与创新路径——基于农民现代化视角[J]．江西社会科学2014（4）：199–203.

[53]华芳英．现代新型职业农民的特征趋向与培育路径[J]．继续教育研究2015（6）：37–40.

[54]陈池波，韩占兵．农村空心化、农民荒与职业农民培育[J]．中国地质大学学报（社会科学版），2013（1）:74–80.

[55]吕莉敏．新型职业农民培育的政策变迁与趋势[J]．职教论坛2017（16）：26–31.

[56]纪海军．社会工作职业认同困境研究[D]．东北师范大学，2013.

[57]陈锡文，实施乡村振兴战略，推进农业农村现代化，中国农业大学学报(社会科学版)2018（2）：5–12.

[58]肖菲，王桂丽．我国新型职业农民培育政策沿革探究[J]．江苏开放大学学报2016（2）：36–41.

[59]张燕，李瑛．论延安市生态农业的可持续发展[J]．榆林学院学报，2009（7）：5–8.

[60]朱启臻．谁在种地——对农业劳动力的调查与思考[J]．中国农业大学学报2011(3)：162–169.

[61]王乐杰．城镇化视阈下的新型职业农民素质模型构建[J]．西北人口2014（3）：90–95.

[62]郝丽霞，委玉奇.农民职业化的制约因素及对策分析[J]．农业经济2009(12)：80–81.

[63]张红．农业现代化进程中新型职业农民的培育研究[J]．西北人口2013（2）：89–92.